タイム・スマート

TIME SMART

お金と時間の科学

How to Reclaim
Your Time & Live
a Happier Life

アシュリー・ウィランズ
Ashley Whillans
柴田裕之〔訳〕

東洋経済新報社

時間の真価を教えてくれた
パートナー、家族、友人の
全員へ捧げる

日本語版への序文
――「リモート」化する世界でタイム・スマートの原則を活かす

私がこの本を書いたのは、ＣＯＶＩＤ－19（新型コロナウイルス感染症）のパンデミック（世界的大流行）の前だ。その後、この1年間に世界中でじつに多くの人が、リモートワークの「強制的な実験」に参加することになった。

リモートワークは数々の課題を抱えているものの、私が世界各地の従業者から集めたデータは、この新しい勤務形態が定着しそうであることを示している。そして今、業種にかかわらず、さまざまな国や地域の従業者が、自宅と職場での勤務時間のバランスをとりたいという希望の高まりを、かつてないほどはっきりと報告している。

職場と自宅でのバランスのとれた勤務モデルを従業者が採用するように促せば、雇い主である企業や団体にも恩恵がもたらされうる。私が研究仲間とともに、ヨーロッパで5万人の従業者を対象に行なった調査では、自分の仕事に最も満足しているのは、今回のパンデミックの間、自宅で働く機会を与えられた人々だった。この調査では、対象となった従業者の20%が、パンデミックへの雇用者の対応のせいで転職したくなった、と答えた。ところが、在宅勤務を許された従業者のうち、この危機的状況への雇用者の対応のせいで仕事を辞めたくなったという人は、１人もいなかった。より広い意味では、リモートワークは一流の人材に働き続けてもらう助けになる可能性が高い。リモートワークは、従業者が強い関心を抱いており、世界中の職場が採用し始めていることを踏まえると、普及するだろう。少なくとも、当面は。では、この本で示した知見は、リモートワークの改善にどう役立てられるだろうか？

　リモートワークには、従業者の時間を節約できるという利点がある。パンデミックの最初の数カ月間に、アメリカだけでも、毎日の通勤をなくすことによって、従業者が毎週、合計で８９００万時間を節約する可能性があった。これは、８時間労働の仕事日に換算すれば１１００万日強に相当する。ところが、リモートワークによってこのように厖大《ぼうだい》な時間を従業者が節約できるはずだったにもかかわらず、データを見ると、それは実現しなかったらしい。それどころか、１日の勤務時間が48・5分増えた。これは、以前に人々が通勤に費やしていた時間とほぼ等しい。リモートワークをしている従業者は、なぜ時間を節約できずにいるのだろうか？

　じつは、この本で紹介した知見の多くは、私たちの新しい仕事生活に今までにないほどよく当てはまる。第1章で論じたように、私たちを「タイム・プア」にする「タイム・トラップ」の1つが、テクノロジーとの絶え間ない接続だ。リモートワーカーたちは、電子メールやインスタントメッセージで気を逸らされることがなおさら多くなった、と報告している。リモート環境では、従業者は前より多くのメールを送り、前より多くのミーティングをもち、しかも、こうしたデジタル型の中断は、従来の勤務時間の枠外で起こることが多い。もう同僚とは簡単に会話を交わせないので、前よりもずっと多くのミーティングを設定しなくてはならず、それが非効率性やストレスや燃え尽き症候群を引き起こしている。

　これも本文中で論じたように、私たちをタイム・プアにするタイム・トラップには、不愉快な課題やストレスの多い課題に時間を費やしたり、目標どうしがぶつかり合うような日々の活動に追われたりするというものがある。そうした課題や活動は、やることができたり、やっているべきだったりする他の活動の邪魔になる。目標の衝突は、従業者が同じ場所で働き、生活するという状況になったために、リモートワークの間に増えた。時間になれば自動的に昼休みになるわけでもないし、職場と自宅との物理的な境界もないので、多くの人、特に、子育てをしている従業者は、以前よりもいっそうタイム・プアに感じている、と報告している。

また、平均すると、パンデミックの前よりも子どもの世話や食事の支度や掃除に多くの時間を費やしている。端的に言えば、私たちは在宅勤務をしているときのほうが、気を逸らされ、負担も大きいように感じることが多いのだ。

こうした難題に直面した結果、リモートワークの環境では、「単純緊急性効果」（第3章参照）を免れ、緊急な課題よりも重要な課題を優先することが、前にもまして大切になる。勤務時間がいつ始まり、いつ終わるかや、メールはいつ緊急の返答を必要としないかを、バーチャルな職場チームの中ではっきり設定し、融通が利く締め切りに関しては、必要に応じて延長を求めるよう従業者に奨励することも、以前より重要になる。

私生活では誰もが、デジタル機器に気を逸らされないように徹底的な管理を行なうとともに、あまり大切ではない課題や不愉快な課題を外注したり他人に任せたりして、「時間に投資したり」「時間を見つけたり」する必要がある。職場がますますデジタル媒体に頼るようになるにつれて、24時間年中無休で対応することが、なおさら簡単になる。だから、たとえば終業後のメールでのやりとりを制限したりして、仕事と生活の要求を管理しやすくする決定を自ら下すようでなくてはならない。

企業や団体も、従業者の燃え尽き症候群やストレスや不満を防ぐための慣行や方針を制定するべきだ。パンデミックの前には、企業や団体は不安や気持ちの落ち込みといった精神保健上の問題に起因する生産性の低下のせいで、１人当たり毎年約32日分の労働を失っていた。アメリカでは２０１８年だけでも、そのせいで企業の生産性の損失は４４０億ドルにのぼった。

この数字をもう少しわかりやすく言い換えると、１０００人の従業者がいれば、そのうち２００人が気持ちの落ち込みを経験し、合計で６４００日分の労働が失われるということになる。

だから、世界中の職場の75％が、従業者のストレス管理が最大の関心事だ、と報告しているのも不思議ではない。裏を返せば、従業者がよりタイム・リッチな生活を送れるような戦略を提供している企業や団体は、才能ある人材を獲得しやすいわけだ。私が行なったある調査では、十分な育児休暇、フレックスタイム、病気休暇といった時間関連のインセンティブを与えたり、成績優秀な従業者に無料招待旅行をプレゼントするというように体験型の報酬を提供したりすると、毎年給料を6万ドル多く払うよりも、仕事への満足度の向上に大きな効果があった。

リモートワークがより一般的な働き方になるなか、従業者であれ、上級管理職であれ、ＣＥＯであれ、誰もが自分にとって最も大切な私生活上の決定や職業上の決定を下すときに、時間を中心に置くことが重要になる。もしパンデミックから私たちが学んだことが何かあるとすれば、それは、時間こそが本当に最も貴重で限られた資源である、ということだろう。

　この本で紹介するツールや戦略、研究に基づいた知見は、個人として、そして仕事の上で、どんな責任をもっているかにかかわらず、これから時間を最優先して、１つひとつ決定を下していくきっかけとして、きっと誰にとっても役に立つだろう。

TIME SMART

もくじ

第1章 タイム・トラップとタイム・プアの蔓延

第2章　時間を見つけ、時間に投資するためのステップ

第4章 長期展望

第5章 システム変更

序　章

The Art and Science of Being Time Smart

タイム・スマートの技法と科学

時間とお金のトレードオフ

時間とお金――両者には共通点がたくさんある。ともに測定可能で稀少。どちらも、私たちにとって最も貴重なものと、たいていの人が言うだろう。誰もが時間とお金をもっとほしがり、一生懸命働いて手に入れようとする。

ところが、大人になるとたちまち思い知らされるのだけれど、時間とお金はこれほど共通点をもちながら、二者択一であり、働いているかぎり、その状態が続きそうに見える。両方とも望むだけ手に入れるのは難しい。私たちはたいてい妥協し、どちらかを選ぶ。お金があれば時間がない、時間があればお金がない、という古い格言は正しいように思える。

私たちは気がつくと、何度となく時間とお金のどちらかを選んでいる。自分で料理をするか、それとも外食するか？　働くか、それとも休暇をとるか？　副業を見つけるか、それとも子どもたちともっと時間を過ごすか？

私は博士課程にいた頃、この**時間とお金のトレードオフ**におおいに興味をもった。1つには、博士課程の学生の暮らしが、お金をかけて時間を確保し、何年間もほとんど金銭的な報酬がないままに、新しい思想や概念の専門家になるという、意識的な選択だからだ。私は好奇心を満たすために、時間とお金という、とてもシンプルで普遍的に価値のあるものについて、デンマークの百万長者《ミリオネア》から、アメリカや東アフリカやインドでその日暮らしをする子持ちの共働きの夫婦やシングルマザーまで、世界中の成人勤労者を何千人も調べた。

人々の回答を見て何よりも驚いたのは、**時間とお金にかかわる決定の多くがじつに重要でありながら、それを下すときにはごく些細なものにしか見えないという、ギャップ**だった。

時間とお金のトレードオフは、見たところあまりに退屈だったり明白だったりするので、私たちはそのトレードオフをしているのに気づかないことが多い。調査をしている間に、そして、自分の人生でも、人々が時間とお金に関して下す決定について、さまざまな話を繰り返し耳にした（いったんこのテーマに注意を払い始めたら、もうそれから逃れることは不可能だからだ。どうしてもこのレンズを通して人々や彼らの選択を眺めてしまう）。

そうした話からわかるのだけれど、その種の決定はいつの間にか忍び寄ってくる。そして、どんなキャリアを選ぶかといった重大な決定であろうと、残っている2日の有給休暇をとるかどうかといった小さな決定であろうと、どの選択もとるに足りないもの、簡単に覆せるもののように見える。ところが、実際には違う。私たちがそれぞれの瞬間や日々、全人生から引き出す幸せはみな、こうした決定にかかっているのだ。

時間とお金に関する決定は、あらゆる人に影響を与える。金銭的に豊かな人にばかりではない。むしろ、**あまり裕福でない人のほうが、じっくり考えて時間とお金についての決定を下すことから得るものが大きい**。


この本で取り上げる例の中には、専門職の人や裕福な人にまつわるものもあるけれど、発展途上国のその日暮らしのシングルマザーが直面するトレードオフを説明するものもある。コンピューター・エンジニアにハウスクリーニングのサービスを提供しているシリコンバレーの企業から、通勤を改善して最貧のアメリカ人が時間を節約するのを手伝っているスタートアップ（新興企業）まで、さまざまな種類の人々が時間とお金のトレードオフを効果的にこなすのを支援している企業の話も紹介する。

ＣＥＯ（最高経営責任者）から学生や子持ちの共働きの夫婦まで、ほとんど誰もが時間とお金のトレードオフに直面しており、やろうと思えば好きなときに意思決定を改善できることが、私の調査からわかった。

日常生活での時間とお金にかかわる決定

調査をしているうちに、時間とお金にかかわる決定に直面している人々の典型例として頭に残った話がいくつかある。

ニコールは大手クレジットカード会社の新任エグゼクティブで、夫のトマスは多忙なＶＰ（ヴァイスプレジデント）だった。２人はめったに同じ市内にいることはなく、もう何年も、いっしょに休暇をとったことがなかった。ある日、トマスは思いがけない幸運に恵まれた。費用はもつから、国外出張を１週間延長し、スイスアルプスを楽しんでくるようにと、気前の良いクライアントが言ってくれたのだ。これは一生に一度のチャンスだった。トマスは妻に頼み込んだ。「ニコール、どうか、いっしょに来てほしい。数日間だけでいいから」。ところがニコールは、ため息をついて答えた。「行けない。大切な会議があって、欠席するわけにはいかないから」。トマスはしかたなく代わりに妹のリーアと出かけ、思う存分楽しみ、それは兄妹のどちらにとっても「これまでで最高の旅」となった。

「５年たった今でも、あの旅行を話題にするんですから」とニコールは私にこぼした。「そのうえ、いつもトマスは私に聞くんです。『ニコール、あれはなんの会議だったんだっけ？』って。『正直に言うと、思い出せないの』と私が答えると、決まってやり返されます。『重要って、そんなものだったのか？』と」

後にニコールは、とろうと思えば休暇がとれたこと、そして、その会議は必ずしも出席しなくてよかったことを認めた。彼女のチームは、彼女抜きでも大丈夫だった。ところが当時、その会議は重要に思えて、どうしても出席しなければいけない気がしたのだ。その結果、どうなったか？　トマスとリーアは一生の思い出をつくることができた。一方、ニコールの「重要な」職務は、忘却の彼方へと消え去った。

最近、インドの農業地帯へ現地調査に出かけたときには、15歳になるウシャが毎日下さなくてはならない決定について説明してくれた。家族のために、大きく重い壺に水を汲み、頭に載せて運んでくるか、それとも学校に行くか、という決定だ。

「井戸や池から水を運んでこなければなりません。それには毎日何時間もかかるので、学校に通う暇がありません。教師になりたいのですけれど、こうした雑用や家事のせいで勉強する時間がとれず、自分の夢が消えていきます。支援を受けられなければ、私は一生貧しい暮らしをすることになるでしょう——未知の闇と無学に閉ざされた暮らしを」

私たちのほとんどは、ウシャとはまったく違う生活をしているとはいえ、私が話を聞いた子育て中の従業者の多くは、家族を養うことと、もっと長く働くことや学校に戻ることとの間に、同じようなストレスを感じている。社会は、至るところにいるウシャのような人々を助け、誰もが、時間と支援があるので日常の雑用や家事ではなく学業を選べると感じられるようにする必要がある。

「将来時間ができて……」その将来はやってくるのか

一族の中ではじめて大学に入ったアリスの話も、けっして忘れることができない。彼女は自分で学費を払い、研究助手から博士課程へと、こつこつ進んでいった。

博士号取得後、幸運にも、夢のような働き口を2つ提示された。一方は、勤務時間はほどほどで、社会的なつながりや生き甲斐を与えてくれる。生まれ故郷にとどまり、家族や友人に囲まれて暮らすこともできる。収入はたいしたことはないけれど、地方自治体に勤務して、もてる技能を地域社会に役立てられる。もう一方の仕事は、高給と社会的地位を約束してくれる。ただし、国の反対側にある未知の都市へと引っ越さなければならない。それでも、小さな町の郵便配達員の娘として育ったアリスには、想像もしたことのないほど多くの機会が与えられるだろう。

アリスはたいしてためらうこともなく、2番目の仕事を選んだ。当時それは、考えるまでもないことに思えた。アリスと8年来のパートナーのポールには子どもはいなかった。それは一生に一度の大冒険で、今必死に努力すれば、将来多くのチャンスが巡ってくるはずだった。ところが、新天地での生活で、ポールは散々な思いをした。アリスは仕事で家を空けることが多く、ポールには仕事もなければ、頼れる友もいなかった。3カ月後、彼は故郷に帰り、2人は二度とよりを戻すことはなかった。アリスは打ちのめされたものの、契約に縛られていて、働き続けるしかなかった。

同じ年に、アリスが国外で働いているときに、親友が最初の子を産んだ。しばらくして、いとこが亡くなった。葬儀は仕事の旅と重なった。アリスは、仕事とお金のために時間を犠牲にするときに私たちの多くが言うことを、自分に言い聞かせた。「大丈夫。今こうしておけば、将来時間ができて幸せになれるし、そのときにはみんなに埋め合わせができるから」と。

このロジックは理に適っている――その将来が現にやってくるかぎりは。カーリーとアダムの場合には、そうはいかなかった。

オレゴン州に住む30代の2人は、幸せで、健康で、働き者だった。アダムは教師で、カーリーは大学院の卒業間近だった。週末になると、自宅近くでハイキングをし、1週間分の料理をしておいた。アダムはマラソンに初参加するためにトレーニングをしており、カーリーは屋外クライミングを始めたところだった。2人はアパートで暮らし、子犬を1匹引き取り、結婚（そして未来の子どもたち！）のために貯金も始めた。2人は忙しかった。いつもあまりに忙し過ぎて、予定していた自動車での夢の長旅に出られず、毎年、来年こそは、と先延ばしにしていた。

カーリーが間もなく卒業というときに、アダムが激しい腹痛と発熱で病院の救急処置室に大急ぎで搬送された。虫垂炎のようだった。ところが、末期の膵臓癌《すいぞうがん》で、余命3カ月であることがわかり、アダムとカーリーは大きなショックを受けた。それから24時間しないうちに、2人は結婚した。カーリーは大学院を中退し、化学療法の合間に太平洋岸の北西地域の自動車旅行兼ハネムーンを実行するべく、準備を始めた。クラウドファンディング GoFundMe の2人のページに、カーリーは「有り余るほど時間があると思っていたのに」と書き込んだ。

私たちは年齢や学歴や収入とは関係なく、同じ現実を共有している。**自分にどれだけの時間が残っているのかは、誰も知らないのだ**。ある日、残り時間がなくなり、明日が訪れなくなる。時間とお金を調べていて私が気づいた重要な事柄の1つがこれで、私たちは、時間こそが自分にとって最も価値ある資源であり、それが有限であることを、よく理解していない。

「時間よりもお金を優先」でタイム・プアに

お金を追い求めるのも、ある程度までは大事だけれど、それは果てしない任務となる。もっとお金を得ようとする試みには、切りがない。そして、調査結果が示しているとおり、人はすでにどれほどお金をもっていても、もっと手に入れようとする。けれど、時間がどれほど貴重かを考えれば、時間を最優先させるべきだ。それなのに、多くの人がキャリアに的を絞り、多くの時間を犠牲にし、それと引き換えに、もっとお金を手に入れたり、生産性を上げたりしようとする。

私たちはそうするように条件づけされている。産業革命以来、私たちは時間に金銭的な価値を与えることを学んだ。文字どおり**「タイム・イズ・マネー（時は金なり）」という言葉によって、お金が最も価値のある資源であると教え込まれた**。そして、金銭的成功を収めるために、幸せをもたらしてくれるものを差し出すという、大変な犠牲を払ってきた。アリスのような大勢の20~30歳の若者が、将来、時間をつくって楽しめるという前提に基づいて、人生で最高の年月を犠牲にする。請け合ってもいい。まだおわかりでなければ告白するけれど、アリスとは、ほかならぬこの私なのだから。

さて、30代や40代の人はといえば、彼らは申し分のない子どもと完璧なキャリアという理想を追い求め、個人として、夫婦としての至福を退職後に延期する。歳を重ねて落ち着いたら、アルプスに出かけて生まれ変わるような休暇を楽しむことができる、と。

ところが、50歳の人、60歳の人、70歳の人は働き続け、人生の目標を先送りし、死ぬまでにしたいことのリストの項目を毎年「来年」に回し、その挙句、時間を使い果たし、私の友人の父親のように亡くなり、棺の内側を未使用の航空券で覆い尽くす羽目になる。

悲惨な話に聞こえるし、実際、悲惨だ。私は調べてみて思い知らされた。事は本当に重大なのだ。人はどうしても、働いてお金を稼ぐことを重視し、より質の高い時間をより多く手に入れることをおろそかにしてしまう。**私も含め、ほとんどの人が、時間をお金ほど大切にしそこなう。こうしてお金にばかり目を向けているから、ストレ**

スと不幸と孤独感が蔓延し、多くの社会がそれに手を焼いているのだ。これは、金銭的にも、それ以外のかたちでも高くつく。研究者はこの現象をひとまとめにして、**「タイム・プア（時間的に貧乏）」**と呼ぶ。これは慢性的な現象だ。

「タイム・イズ・マネー」ではなく、「マネー・イズ・タイム」を目指して

あなたはこの本を通して、時間とお金の間のトレードオフを計算し、自分が下す決定の多くが最適ではないことを知る。時間に関しては、お粗末な選択をしやすい。お金を優先することにともなう長期的な代償を過小評価するのは、なおたやすい。

スポーツの世界で行なわれる分析によってチームの組み立て方が一変したのと同じで、時間とお金の意思決定の不備を暴く分析を行ない、併せて、人を駆り立てる心理的なバイアスや行動面でのバイアスを少しばかり理解すれば、私たちの生活の組み立て方に関する選択ががらっと変わるきっかけとなるだろう。

だからといって、選択はいつも簡単で明白だとはかぎらない。時間とお金について

の決定には、正しい取り組み方が1つしかないわけではないことが、研究しているうちにわかった。たとえば、ニコールが正しい決定を下したかどうか、私には断定できない。ただ、一般論としては、別の決定を下していたほうが幸せだっただろうことをデータが示している、というだけの話だ。人生で望むものは人それぞれだし、同じ人生でもその時々で望むものは変わってくる。最善の選択は不変ではないのだ。そして、ウシャの場合のように、より良い選択が社会によって妨げられることもある。だからこそ、政策立案者は時間の価値をもっとよく認識する必要があるのだ。

　そうは言っても、多くの社会のあらゆる経済階層の大勢の人が、最善の選択をしていないことはわかっている。私たちは、第二の天性ともなっている「タイム・イズ・マネー」という考え方をひっくり返さなくてはならない。ほかならぬ健康と幸福が、それにかかっているのだから。実際には、「タイム・イズ・マネー（時は金なり）」ではなく、「マネー・イズ・タイム（金は時なり）」なのだ。そして、この真理に従って生きるお手伝いをするのがこの本だ。

　第1章　タイム・トラップとタイム・プアの蔓延では、資産の多少にかかわらず、誰にとってもタイム・プアがどれほど有害になりうるかを掘り下げるところから始める[*1]。あなたはタイム・プアの代償の大きさに驚くだろう。1年分の現金支出のリストを目の前に広げられたらびっくりするのと同じだ。コーヒーと外食にいったいいくら使っているんだ？　と呆れるかもしれない。ただし、その手のリストとは違い、この章では、深刻なもの（ストレスの大幅な増大）から一風変わったもの（微笑みの減少）まで、タイム・プアの驚くべき弊害にも目を向ける。

第2章　時間を見つけ、時間に投資するためのステップでは、反対方向に目を転じて、「タイム・リッチ（時間的に裕福）」、すなわち、時間を手に入れて有意義に使っている状態を眺めてみる。タイム・リッチなのはどんな人か？　その数は少ない。彼らのやり方はどこが違うのか？　1つには、彼らは食事にたっぷり時間をかける。そして、タイム・リッチであるおかげで、彼らはどう変わるのか？　ネタバレ注意。彼らは前よりずっと、ずっと幸せになる。

新しい知識を仕入れたあと、**第3章　タイム・リッチになる習慣**では、今度は自分に目を向け、タイム・リッチになるのを妨げている**タイム・トラップ**（時間の罠）に気づき、それを避けるためには何ができるかを学ぶ。私たちの誰もが、仕事を辞めたり宝くじが当たったりしなくても、もっとタイム・リッチになれる。そのためには、身体の健康を手に入れるときと同じように取り組まなければならない。身体の健康は、エレベーターに乗る代わりに階段を上がったり、夕食にチーズバーガーよりもサラダを頻繁に食べたりといった、ちょっとした行動変化の積み重ねの結果だ。同様に、タイム・リッチになるには、前より頻繁にノーと言ったり、お金を払うことで、時間を食う報われない雑用や家事などから解放されたりといった、小さな決定を積み重ねて、より質の高い時間をより多く手に入れる必要がある。

金銭的な豊かさと同じで、タイム・リッチを達成するためにも、長期的なプランニングが欠かせない。**第4章　長期展望**では、キャリアを構築したり家庭を築いたりといった、長期的なプランを立てるのに役立つ戦略を紹介する。自分の行動様式を1回変えてそれで押し通すだけでは、とうてい十分とは言えない。求められるものは刻々と変わっていく。目標も変化する。人生では何が起こるかわからない。時間にかかわる選択のプランを立て、再評価すれば、人生のそれぞれ異なる段階で必要とされるものに基づいて決定を下すことができる。

最後に、自分がタイム・リッチになれるかどうかに影響を与える他の人々に注意を向ける。**第5章　システム変更**では、テクノロジーから公共政策や人的資源まで、あなたの周りのシステムがタイム・リッチな暮らしをどのように妨げているかを示す。そして、一般市民や従業者のために、時間とお金のバランスを改善するのを助ける介入戦略を説明する。タイム・リッチであれば、あなた個人にとってプラスになるばかりでなく、組織のためにもなる。組織を率いている人は、自分が永続させるのに一役買っているタイム・プアのせいで、望ましくないコストがどれほど生じているか、まったく自覚していないことが多い。改革を実施してタイム・リッチな状態を生み出す権限のある、人事部門や政府などの人々に、あなたがこの章を読ませてあげてくれればと願っている。

あなたは各章で、エクササイズやワークシートなどからなるツールキットを使って、学んだ内容を応用することになる。ツールキットは、自分の時間の価値を把握し、浪費している時間を取り戻す方法を考え、タイム・プアな状態から抜け出す役に立つ。

あなたはテイラー？　それともモーガン？

この本に出てくる戦略やエクササイズを最大限に活かすための足掛かりとして、今現在、あなたが時間とお金についてどう考えているかを把握しておくといい。だから、ここでいったん立ち止まり、自分がたいていどのように時間とお金のトレードオフをするか、じっくり考えてほしい。それから、このあとに出てくる2人の人物の説明を読み、どちらが自分に近いか判断してほしい。完全に自分と一致している必要はない。平均すると、自分の物の見方や意思決定に似ているほうを選んでほしい。

テイラーはお金よりも**時間**を大切にする。もっと時間を手に入れるためなら、喜んでお金を犠牲にする。たとえば、収入は減っても勤務時間が短いほうが、長時間働いて収入を増やすよりもいいと思っている。

モーガンは時間よりも**お金**を大切にする。もっとお金を手に入れるためなら、喜んで時間を犠牲にする。たとえば、長時間働いて収入を増やすほうが、勤務時間を短くして収入が減るよりもいいと思っている。

私はこのエクササイズを何万もの人にやってもらった。その結果、誰かがテイラーに似ているか、モーガンに似ているかを知るだけで、その人の行動を驚くほど正確に予測することができる。どんな種類のフライトを選ぶか、どんな種類の贈り物を最も高く評価するかがわかる。何時間働くかや、ボランティア活動をするかどうか、どんな人づき合いをするか、さらには、どんな種類の仕事に就くかさえも見当がつく。

これは魔法のトリックではない。データと行動を照らし合わせるだけのことだ。[*2] 私がその照合をやりおえたので、あなたはそれを活かすことができる。なぜなら、この本でこれから紹介するさまざまな戦略は、人がテイラーに似ているか、あるいはモーガンに似ているかを考慮に入れた行動科学の厳密な研究に基づいているからだ。

というわけで、あなたはどちらか？

この問いについてじっくり考え、正直に答えてほしい。自分はテイラーだと言ったほうが望ましいと思うからそうしたところで、本当にテイラーであるわけでもなければ、完璧にタイム・リッチであるわけでもない。今、テイラーとモーガンの尺度のどこに位置していようと、もっとタイム・リッチになることは可能だ。そして、正しい答えがあるとか、生まれつき、テイラーかモーガンのどちらかだとか、思わないでほしい。テイラーかモーガンのどちらかに私たちを傾かせるような要因はたしかにあるけれど、その傾向は、一生のうちに何度となく変わる。

私は時間の研究者で、タイム・プアについてのデータはすべて理解しているにもかかわらず、自分に正直であるならば、人生の今の時点では、自分はモーガンだと結論せざるを得ない。

この本を読んでいる以上、あなたはたぶん、自分がモーガンであるように感じているだろうけれど、自分はテイラーだという気がする人でさえ、もっと賢い時間の使い方ができるようになる練習、つまりタイム・スマートになる練習をすれば、得るものがたくさんある。お金よりも時間を重視する人は、さまざまな恩恵を受けることが、多くの調査からわかっているからだ。時間中心のマインドセット（思考様式）をもっていると、次のような恩恵を受け取ることができる。

●幸福感が増す

お金よりも時間を大切にすると、結婚したときの約半分もの幸福感が得られる。[*3] そして、この幸福感の増大は、あらゆる層の人に当てはまる。稼いでいるお金の額でも、学歴でも、同居している子どもの数でも、配偶者の有無でも、これは説明がつかない。

●社会的なつながりが強まる

私たちは、時間を重視すると、社会の中での人間関係を優先するように促される。[*4] バスの中でいつも見かける人とおしゃべりをするといった、ほんの束の間の交流でさえも、時間のストレスを減らして幸福感を強めるうえで、驚くほど重要な役割を果たしうる。[*5]

●人間関係の満足感が増す

時間を重視する人は、お金を重視する人よりも配偶者が幸福で、充実したセックスライフを送れる。時間を節約するためのサービスにお金を使うカップルは、質の高い時間をより長く分かち合い、相手との関係からより大きな幸せを引き出す。時間の節約にお金を使うと、あまり自分を支えてくれない配偶者をもつ不幸さえも、いくらか消し去られる。お金を払ってハウスクリーニング業者に家の掃除をしてもらうと、良い聴き手になる勉強をするのと同じぐらい結婚生活にプラスになることが、私の調査からうかがわれる。[*6]

●仕事の満足感が増す

時間を大切にする人は、お金を大切にする人と同じ時間数だけ働く。ところが皮肉にも、時間を大切にする人のほうが、お金を大切にする人よりも多くの収入を得ることがよくある。なぜなら、前者のほうが、自分が大好きなキャリアを築きやすく、したがって、仕事でのストレスが少なく、生産性が高く、創造性に富み、退職する可能性が低いからだ。[*7]

何よりも重要なのは、時間中心であれば**向社会的**でもある点だ。向社会的というのは、他者のためになる行動を指して学者が使う言葉だ。

タイム・リッチになるための自分用のツールキットを用意しているときには、罪悪感が湧いてくるような瞬間がありうる。[*8] タイム・リッチというのは、特権を体《てい》よく言い換えた言葉にすぎないと、あなたは思うかもしれない。**私は時間をお金に優先する決定を下す余裕があるけれど、他の人にはそんな余裕はない、私は利己的なだけだ、**と。

時間優先はけっして自己中心的ではない　地域社会、世界全体の幸せに貢献する

私もこれには頭を悩ませてきた。友人や同僚には、私の研究は金持ちを気楽にさせるだけだ、とからかわれる。けれど、そうした悩みや罪悪感は、やがて消えてなくなった。それには2つの理由がある。第一に、タイム・リッチであれば、**あらゆる経済階層の人に望ましい影響を与える**ことを示すデータが山のように積み重なってきた。[*9] 第二に、タイム・リッチになれば、**他者を助ける立場に立てる**ので、誰もが恩恵を受

けることを示す調査が、いくつも登場したのだ。

私は、ノーと言わなければならないときや、これから休暇をとろうというときには、自分の時間を自由に使えれば、自分にとって大切な目的や人々のため――たとえば、学生が大学院への進学を志願するのを手伝ったり、パートナーといっしょに過ごしたりするため――に投入できるエネルギーが解き放たれるという事実を頭に浮かべるようにしている。これは、けっしてただの楽観的な話ではなく、厳密なデータに基づいている。私たちは、たっぷり時間があると感じているときのほうが、他者のために尽くせるのだ。

タイム・リッチであれば他者を助けやすいことを示す最も有名な例が、「善きサマリア人」の実験だ。この実験では、研究者たちはプリンストン大学で募った神学生たちに、いかにも心理学の実験でやりそうなかたちで、アンケート調査に答えてもらった。じつは、そのアンケートは偽物で、小道具にすぎなかった。それから、キャンパスを抜けて地元の小学校に行き、善きサマリア人の話（追剥《おいはぎ》に遭って道端に倒れていた見知らぬ人を助ける、新約聖書の寓話）を教えるように頼んだ。

アンケートを終えたときに、一部の学生には、予定より遅れていて、もう小学生たちを待たせてしまっていると伝え、残りの学生には、まだ時間があると伝えた。学生たちは全員、小学校に向かってキャンパスを歩いているとき、路地に座り込んで痛みで呻《うめ》いている男の人に出会った。時間があると言われていた学生のほとんどは、足を止めてその人を助けた。ところが、急いでいた学生で、助けた人は全体の10％に満たず、大半は、男の人に目もくれなかった。[*10]

私自身が行なったものもいくつか含めて、他の調査も同じ一般的な結論を示している。自分はタイム・リッチだと感じている人のほうが、ボランティア活動をしたり、地元の政治家とかかわったり、子どもの通う学校の手助けをしたりする可能性が高い。[*11]また、日常生活で時間をとってリサイクルやコンポストづくりをしたり、省エネ型の電化製品を購入したりして、エコフレンドリーな暮らしをする傾向が強い。[*12]

時間のもつ向社会的な性質を思い起こすだけでも、時間に関してより良い決定を下すことができる。時間を節約する製品やサービスの購入は向社会的行為だと考えると（たとえば、「これを買えば、大切な人と過ごす時間がとりやすくなる」）、罪悪感が薄らぎ、そのような選択を実行に移す率が高まる。[*13]

要するに、お金よりも時間を優先するという難題の克服に取りかかるにあたっては、時間を重視するのは、たんなる自己中心的な行為ではないことを思い出してほしい。時間を重視すれば、家族や友人、同僚、地域社会、さらには世界全体の幸せに貢献することができるのだ。

タイム・リッチに最高の人生を送れるように

より幸せな時間を手に入れる秘訣はシンプルで、お金よりも時間を優先すること――決定を下すときに、1回1回、そうすることだ。

人生にまつわる真理の多くと同じで、この秘訣も知るのはやさしく、実践するのははるかに難しい。これから先のページは、たちまち手軽に人生を変えられることを約束する言葉で埋まっているわけではない。私が紹介する手法のほとんどは、前よりほんの少しタイム・リッチになることにつながるだけで（それでも、はっきり違いは出る）、そうした手法を実践して変化を生み出すためには、注意深く考える必要がある。

私は喜んでお手伝いするけれど、タイム・リッチな暮らしは、あくまでそれが、あなたが育む新しいマインドセットと新しい規律の一環となったときに送ることができる。タイム・リッチになるための学びに終わりはない。私は相変わらず、時間とお金についての決定で日々苦労している。仕事の機会が巡ってきたときには、個人的なコストが職業上の便益を上回るときにさえ、イエスと言うことが多過ぎる。私のパートナーはしばしば私を座らせて、「アシュリー、これは絶対に断らないと。時間がもったいないから」と諭す羽目になる。

私の人生は、まだまだ完成途上にある。それでも、自分の研究や経験のおかげで、時間は苦労してでも確保する価値があることを学んだ。自分にどれだけの時間が残されているのかは、誰一人知らない。現在、今この瞬間こそ、小さいけれど有意義な変化を起こし始めるのに打ってつけのタイミングだ。ストレスを減らし、前よりも仕事を楽しみ、社会の中でより健全な人間関係をもてるように——つまり、タイム・リッチになって最高の人生を送れるように。幸せはこの本のテーマではない。それはこの本がもたらすものなのだ。

それでは、さっそく始めよう！

第1章

Time Traps and the Time Poverty Epidemic

タイム・トラップと
タイム・プアの蔓延

あなたがタイム・プアである確率は80％

あなたが世界でも最貧層の1人である可能性は80％ほどある。[*1] 貧しいと言っても、銀行の預金残高のことを言っているわけではない（金銭的な貧困は社会の差し迫った問題ではあるけれど）。そうではなくて、タイム・プアだということだ。やらなくてはならないことが多過ぎて、時間が足りず、とてもやり切れない。アメリカだろうが、ドイツだろうが、日本だろうが、どこの国でもタイム・プアは空前のレベルに達している。[*2]

タイム・プアに打ちのめされて散々な気分に陥らずに済む人は誰もいない。今、キッチンのテーブルでこの文章を入力しているこの私も、タイム・プアだと感じて参っている。私にとってそれは、胃を締めつけられるような感覚だ。今朝、ある学生から、論文執筆で至急手助けをしてもらいたいことがあるというメールが届き、そのせいで、願っていたほど早くこの章を書き始められなかった。そして、書き始めてからも、自分のスマホから目が離せない。同僚の誰かが、いつ急な助けを求めてくるか知れたものではないから。まったく、ため息が出てくる。医師の予約があるので、早めに仕事を切り上げて診てもらわなければならず、そのあと大急ぎで家に帰って、サラダとあり合わせの食材で遅い夕食をなんとか用意し、それからメールの受信トレイと「随時更新のやることリスト」をチェックする。「随時更新のやることリスト」というのは、ノートパソコンに開いたままになっている文書ファイルで、何ページにもわたって続いている。

終わらせる必要のある仕事を、すべて予定に組み込むことは不可能だ。パートナーとの会話をどこかに滑り込ませなくては。友人たちとおしゃべりするチャンスは、おそらくないだろう。どんどん年老いていく親たちと話す時間を見つける必要もある。

今日は私にとって、特別忙しい日ではないし、こういう状況は、おそらくあなたにもお馴染みだろう。タイム・プアはあらゆる社会に影響を与え、すべての経済階層に及ぶ。私たちのほとんどが、こんなふうに感じているのだ。

タイム・プアは個人にも社会にも厖大な損失

そう、本当にそれほどひどい。２０１２年の調査では、アメリカの勤労者の約50％が「いつも大変忙しい」、70％が「いつも」時間が足りない、と報告した。[*3] ２０１５年には、時間が足りないと答えた人は80％以上いた。[*4] だから私は、あなたもタイム・

プアだろうと推測したのだ。あなたのような人たちが、そう言っているのだから。
これは先進諸国が抱える類いの問題であり、愚痴などこぼさず、なんとかやっていくしかないのかと、あなたは思っているだろうか？　もしそうなら、けっしてそんなことを考えてはいけない。タイム・プアの蔓延は深刻な問題で、個人にも社会にも尨大な損失を招いている。私たち研究者が積み上げたデータからは、タイム・プアと惨めさとの間には相関があることがわかっている。[5]

タイム・プアな人のほうが、幸福感が弱く、生産性が低く、ストレスが多い。[6] 運動することが少なく、脂肪の多い食品を摂取し、心血管疾患になりやすい。[7] 私たちはタイム・プアだと妥協を強いられる。栄養のある食事を準備する代わりに、コンビニでチップス＆ワカモレ（アボカドソース）でも買ってきて、コンピューターの画面を見詰めながら、味もわからずにむしゃむしゃ食べる。やるべきことを片づけるために時間を最大限に活用しようとすると、仕事日は、座ったままろくに意識もせずに食塩と脂肪とファストフードを腹に詰め込みながら過ごすことになる。

タイム・プアな社会も、高いつけを払わされる。タイム・プアのストレスのせいで、アメリカの医療制度は１９００億ドルもの出費を強いられており、これは毎年の全医療支出の５％から８％に相当する。[8] 不幸せな従業員は生産性が落ち、それを金額に換算すると毎年４５００億ドルから５５００億ドルに相当する。[9] オフィスで１０００人の従業者が働いている企業や団体では、どの時点を選んでも、２００人の従業者があまりの重圧を感じているせいで欠勤している。[10]

タイム・プアのコストと弊害はあまりに甚大なので、社会全体に悪影響を与える、深刻で極度の時間不足を、研究者たちは今や飢饉になぞらえるほどだ。この飢饉は、自然災害が生み出す望ましからぬ結果の多くをともなう。[11]

時間の価値を抑え込むタイム・トラップ

なぜ私たちはますますタイム・プアになっているのか？

以前と比べて単純に労働時間が増えているから、というのが最も明白な理由に思えるかもしれない。ところが、証拠を見ると、この説は間違っている。信じられないかもしれないけれど、今、たいていの人は１９５０年代よりも余暇が増えているのだ。[12]

アメリカにおける１週間の労働時間は、１９５０年には平均37・8時間だったのに対して、２０１７年には34・2時間だったことを、ＯＥＣＤ（経済協力開発機構）のデータが示している。消費時間の記録を調べると、アメリカでは1週間当たりの余暇は過去50年間で、男性は6〜9時間、女性は4〜8時間増えていることがわかる。[13] 電子レンジやロボット掃除機、デジタル通信、そして、会議の時間を自動的に教えてくれる私のメールアプリの便利な機能（最高！）などのテクノロジーのおかげで、私たちはより効率的な暮らしを送ることができる。シェアリングエコノミー（共有型経済）が出現し、ウーバーやタスクラビットのような企業のおかげで、時間節約サービスも利用しやすく値段も手頃になってきている。[14]

もちろん、私たちの時間が前より増えたり減ったりしたわけではない。誰もが平等に、1日24時間を割り当てられている。理屈のうえでは、親や祖父母と比べて余暇が増えたのだから、幸せになって当然だ。それなのになぜ、かつてないほどタイム・プアに感じているのだろう？

それは、もてる時間と必要とする時間とのミスマッチからタイム・プアになるわけでは、必ずしもないからだ。それらの時間をどう考えるかや、どう評価するか次第でタイム・プアになりうる。それは、構造的な問題であるのと同時に、心理的な問題でもあるのだ。

私たちは以前ほど長く働いていないかもしれないけれど、働くという決定をひっきりなしに下している。[*15] 絶えず誰かとつながっている。[*16] もっとお金を稼げるだろうと思うようなことには、つい注意を払い続けてしまう。その挙句、貴重な自由時間が訪れたときには、利用する準備ができていないので、無駄にしてしまう。あるいは、休みなどとるべきではないと自分に言い聞かせて、けっきょく働き通してしまう。

こんなふうになったのは、私たちのせいではない。私たちの文化が、時間のもつ本来の価値を抑え込んでしまったのだ。私たちは、オフィスをけっして離れない人を英雄崇拝するべきだ、と社会に教え込まれる。[*17] そのうえ、広がる一方の所得格差のせいで、寸暇を惜しんで働かなければ、あるいは、少なくとも働いているふりをしなければ、この世界が明日にでも崩壊しかねないように思えてしまう。[*18] こうした要因が生み出すものを、私は「**タイム・トラップ**（時間の罠）」と呼ぶ。この罠のせいで、私たちのほとんどが、慢性的にタイム・プアのように感じている。

タイム・スマートになる第一歩は、これらのタイム・トラップを理解し、自分の生活の中で見つけ出すことだ。

タイム・トラップその1　テクノロジー
——タイム・コンフェッティと楽しめない余暇

間違いない。私たちには50年前よりも多くの余暇がある。それなのに、とても昔のようにはリラックスできない。それは主に、ICT（情報通信技術）機器の邪魔が入るからだ。テクノロジーのおかげで時間が節約できるけれど、時間が奪われもする。これを「**自律性のパラドックス**」と呼ぶ。私たちは、いつ、どれだけ働くかを自分で決めるという自律性を獲得するためにモバイルテクノロジーを採用しているのに、皮肉にも、休みなく働く羽目になる。[*19] 以前はまとまった自由時間を楽しめたのに、今ではスマートウォッチやスマホ、タブレット、ノートパソコンに中断されてしまう。

　このような状況では、認知機能に負荷がかかり、余暇が寸断されて、ストレスを発散したり幸福感を得たりするような活動に没頭できない。[*20] 私は（そして他の研究者たちも）、この現象を「**タイム・コンフェッティ**（時間の紙吹雪）」と呼ぶ。非生産的なマルチタスキングに使われて失われてしまう、数分あるいは数秒単位の時間の断片のことだ。[*21] 断片の1つひとつは、それほど悪いものには思えない。それでも、そうした「紙吹雪」も積もり積もれば、思いがけないほど有害になる。

あなたがどれほど自分の時間を細切れにしているのかをつかむために、次の単純な計算をしてみよう。

午後7時から1時間の余暇があるとする。その1時間に、メールが2通届き、両方をチェックし、1通に返信する。ろくでもない自慢話や、ひどい人間がしているひどい発言についてのツイッターの通知が4通届き、そのうち1通へのさまざまな返信にざっと目を通す。質問や頼み事のためのスラックの通知が同僚から3通届き、そのうち1通に返信し、2通は無視する。リマインダーが、明日は母親の誕生日だから電話しなくてはいけないことを知らせてくれる。次の週末のプランを立てようとしている友人から携帯メールが4通届き、4通とも返信する。

どれもそれ自体はありきたりで、たいして時間はかからない。けれど、全部合わせれば望ましくない影響が2つ出る。第一に、あなたの自由時間からたっぷり時間が奪い取られる。**図表1-1**を見てほしい。一見するとどうということのない中断のせいで、1時間の余暇の10％が潰れてしまった。ここで想定した中断の数と内容は控えめであることが調査からわかっているので、実情はたいていこれより悪い[*22]。

第二は、タイム・コンフェッティのより侵略的な影響で、1時間の余暇が分断されてしまうことだ。おそらく中断は、1時間の中にランダムに散らばっている。それを

図表1-1 **タイム・コンフェッティ**

活動	秒数
メールを2通チェックする	30秒
メール1通に返信する	30秒
ツイッターの通知を4通チェックする	45秒
ツイッターの通知1通への返信をチェックする	30秒
スラックの通知3通をチェックする	30秒
スラックの通知1通に返信する	45秒
リマインダー1件をチェックする	10秒
携帯メールを4通チェックする	40秒
携帯メール4通に返信する	120秒

タイム・コンフェッティの総数	消費時間の合計
21	6分20秒

示すために、中断を、メール、ツイッター、スラック、リマインダー、携帯メールという5つの項目にまとめ、1時間の中にランダムに割り振ってみる。

すると、1時間の余暇は、**図表1-2**に示した状態から、**図表1-3**に示した状態のどれかに似たものとなる。

どの場合にも、1時間の余暇がいくつかの短いチャンク（塊）になり、その中にはわずか5〜6分のものもある。返信しなかったり、ただちに返信するのを思いとどまったりするだけの自制心があったとしても、こんなふうに中断されれば、今できることやするべきことがあれもこれも頭に浮かんできて、ただでさえ短くなって、予定も立てづらい余暇のチャンクの質が損なわれる。[*23]

以前なら、私たちはスポーツジムでの時間を楽しむことができた。それが今では、ランニングマシンから足を踏み外さないようにびくびくしながら、上司からの携帯メールの返事を片手で入力する始末だ。以前なら、なんの邪魔も入らずに家族水入らずの夕食を楽しむことができた。それが今では、料理が冷めるのに任せながら、声を潜めて電話に応じている。以前なら、広大な自然公園にピクニックに出かけて、心からくつろぐことができた。それが今では、公園のトイレの「プライベート」な個室で、電話会議に現《うつつ》を抜かす。職場をポケットやバッグに入れて持ち運んでいるので、接続

図表1-2　1時間の余暇①

図表1-3　1時間の余暇②

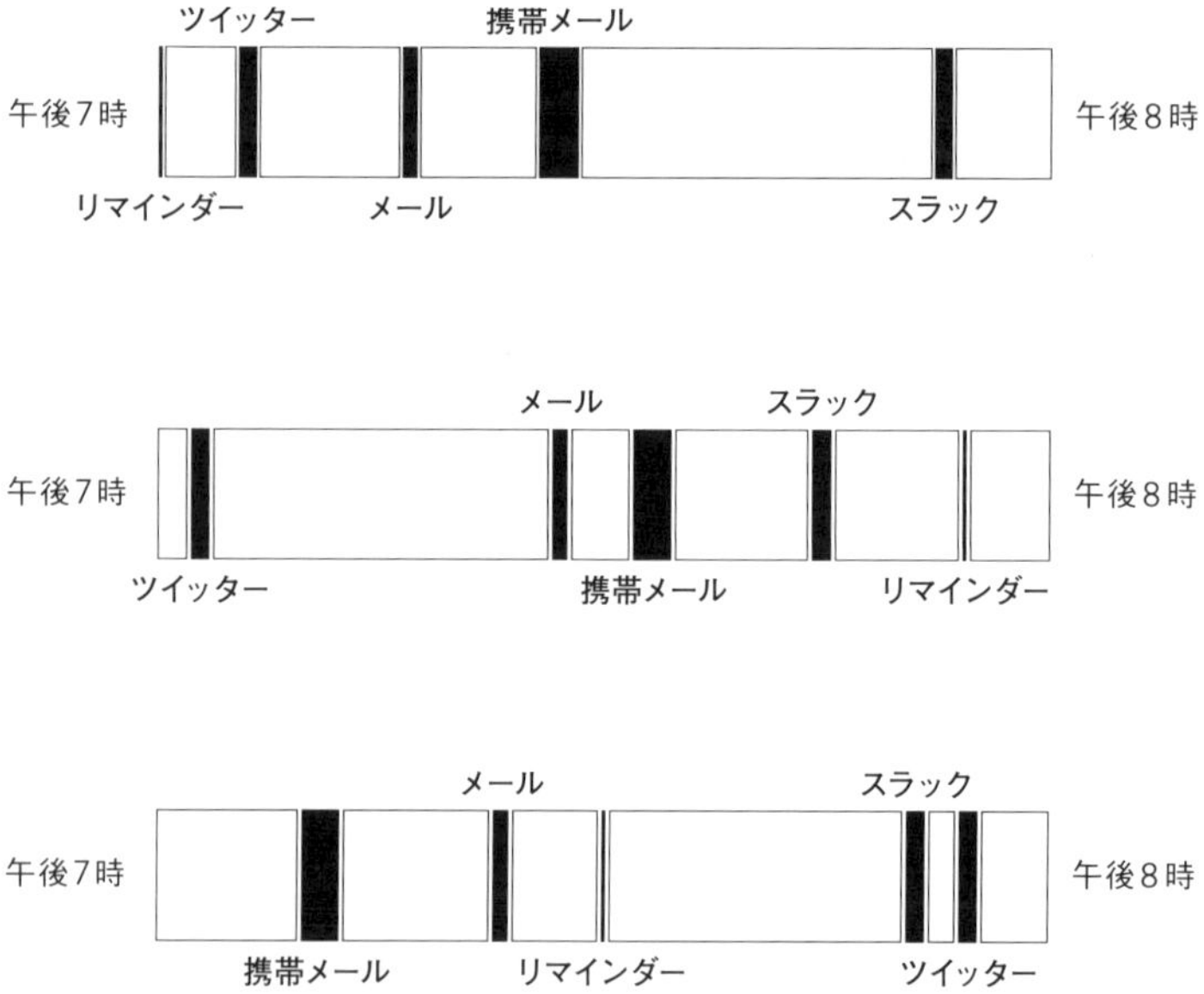

を断つのが難しい。夜の10時以降、あるいは、子どもの学芸会、結婚式、食事、「親密な交際」の最中、果ては妻の分娩中にまで、仕事のメールをチェックする、と認める人も多い[*24]。

誕生祝いのご馳走を楽しもうとしているときに、友人たちが熱帯でのバカンスで撮った写真の通知が届いて、口にしているパスタが味気なくなる。次のデートのためにレストランを選ぼうとしているときには、レビューや評価の果てしない海に呑まれて、食事を味わうよりも選ぶのに多くの時間を使ってしまう。家族や友人と有意義な時間を過ごそうとしているときには、職場から通知が届いて、自分が仕事に取り組んでいないことに罪悪感や懸念を抱いてしまう。

リラックスしようとしているときに仕事について考えると、パニックを起こす。頭の中でさまざまな活動がうまく折り合わないと、タイム・プアに感じてしまうからだ。たとえば、一生懸命に子どもの世話に励んでいるときに仕事のメールが来ると、子どもについていてやる代わりに、締め切りが迫っている仕事を片づけるべきだと思わずにはいられない。この葛藤のせいで、自分が悪い親のような気分（「子どもといっしょに過ごそうとしているときに、なんで仕事のことなんか考えてしまうんだろう？」）になると同時に、悪い従業者であるような気分（「子どもといっしょに遊び過ぎではないか？　私ではなくて誰か他の人が昇進してしまいはしないか？」）にもなる。

現時点から、ストレスを生む何か別の活動へと頭を切り替えたあと、認知機能を回復させるのには時間もかかる。[25] こうして、自由時間を楽しめなくなり、その時間を振り返ってみるように言われると、実際よりも自由時間が短かったように思ってしまう。[26] テクノロジーのタイム・トラップはこれほど侵略的であり、タイム・コンフェッティのせいで私たちは実際以上にタイム・プアに感じてしまうのだ。

タイム・トラップその2　お金重視
——富のパラドックスとお金追求の落とし穴

ＩＣＴ機器の画面依存症だけが時間の飢饉をもたらしたわけではない。私たちをタイム・プアへと陥れる別のトラップには、働くこととお金を稼ぐことへの文化的な執着がある。私たちは、時間ではなくお金がより大きな幸せをもたらすと教え込まれ、それを（誤って）信じている。[27] ミリオネアさえもがこの誤りを犯す。私の同業者たちが、世界中の最富裕層を数千人調査した（ある一流銀行とのコネのおかげだ）。彼らは、富の尺度で上位１％に入るこれら数千人に、「申し分なく幸せ」になるためにはいくら必要かと尋ねた。すると、回答者の４分の３——銀行預金残高が１０００万ドルを超える人さえも——が、申し分なく幸せになるためには、「もっとずっと多く」必要だと答えた（「少なくとも」あと５００万ドルから１０００万ドル）。[*28] このマインドセットがおそらく間違っているだろうことは、心理学の博士号をもつ人でなくてもわかるだろう。**「お金では幸せは買えない」ということわざは、誰もが聞いたことがあるだろうし、経験的に言っても、それは正しい。お金は悲しさから守ってくれるけれど、喜びは買えないことを、さまざまな研究が示している。**[*29] 生活費を払い、将来のために貯金し、週末に少なくともいくらか楽しめるだけのお金を稼げるようになったら、それ以上収入が増えても、幸せにはほとんど関係ない。研究者たちが１６５カ国の１７０万人のデータを調べると、これ以上稼いでももう幸福感が増さなくなる金額がわかった。

年収がアメリカでは６万５０００ドル（全世界平均では６万ドル）を超えると、お金は私たちが毎日どれだけ笑ったり微笑んだりするかの指標として使えなくなる。そして、年収がアメリカでは10万５０００ドル（全世界平均では９万５０００ドル）を超えると、お金は私たちが人生でどれだけうまくやっていると思っているかの指標の役割を果たさなくなる。

それどころか、人は大金（アメリカでは年に10万5000ドル）を稼ぐようになると、人生で前ほどうまくやっていないと考え始める。[30] 私たちは金持ちになると、人生を自分よりもなおさら金持ちの人の人生と比べだす。そして、けっして達成できない目標を追い求める。なぜなら、富が増すにつれて、他者が自分よりもうまくやっているという感覚や、彼らに追いつかなければいけない、追いつくことができるという思いも強まるからだ。[31]

お金は必ずしも悪いわけではない。多くもっていれば、ストレスから守ってもらえる。車が故障したときに、お金は解決策を提供してくれる。危機的状況にあるときは別として、現金が手元にあれば、心の平穏さえ得られる。[32] とはいえ、望ましくない結果を避けるのは、より幸せな結果を生み出すのとは違う。これは特別重要なので、**もう一度言おう。お金では喜びは買えない**。私たちは、お金がタイム・リッチと幸せにつながると信じている。けれど、それは間違っている。[33] どちらかというと、富裕な人のほうがストレスを感じている。[34] 本当に幸せになるためには、多額のお金よりもむしろ時間の投入が必要なのだ。

私たちのほとんどはタイム・プアだけれど、（働いている）富裕な人はもっとタイム・プアに感じている。[35] これはうなずける。1つには、彼らは時間当たりに換算した収入が多いので、稼ぎが少ない人よりも、文字どおり時間の価値も高い（1時間働くごとに、もっと多くのお金を稼げる）からだ。時間の価値が高まれば、時間はその分だけ貴重で稀少に感じられる。これを証明するために、私の同業者たちは大学生をプロのコンサルタントに仕立て、実験室での課題に取り組むときに、一部の大学生には毎分1ドル50セント、残りの学生には15セントの料金を請求するように求めた。自分の時間1分当たり1ドル50セントを請求した学生は、15セント請求した学生よりも、時間に追われているように感じた。[*36] 別の研究では、「1日のうちに十分な時間がなかった」といった言葉に、富裕な従業者のほうが同意する率が高かった。[*37]

富が増すにつれて、タイム・プアだという感覚も強まる。 問題は、お金を稼ぐことに執着する文化が、よりタイム・リッチになるには金銭的により豊かになる必要があると誤って信じ込んでいる点にある。[*38] 私たちはどういうわけか、お金を手に入れれば、将来、幸せを買うことができると信じ、**一生懸命働いてもっとお金を稼げば、あとでもっと余暇が手に入るだろう**と考える。これは間違った解決策だ。ほどなく、これが正しい解決策の正反対であることがわかるだろう。富を追い求めることを重視するのは罠であり、それは、富の追求をもっと重視することにつながるだけだからだ。[*39]

タイム・トラップその3　時間の過小評価
――「最小コスト」文化と時間の価値の誤解

お金に対する文化的な執着があるせいで、多くの人はタイム・リッチになるうえでは非生産的なかたちで自分のお金を守ろうとする。純粋に金銭的な観点から最高の取引と最低の価格を探し求めると、タイム・プアで不幸せな状態を招くだけで、それは、それほどまでお金を意識することのタイム・コスト（時間的なコスト）を計算に入れていないからだ。[*40]

私の調査では、金銭的に余裕があるけれど極端にタイム・プアな人――幼い子どもがいる従業者――の52％が、時間よりもお金がもっとあったほうがいいと答えた。[*41] 仮に１００ドルもらえたら、幸福感を強めるためにどのように使うかと聞かれると、たとえば食料品や雑貨を配達してもらうといった、時間の節約のために使うと答えた子育て中の従業者は２％しかいなかった。[*42] 時間を大切にする金銭的余裕が明らかにある人、つまり平均で３００万ドルの預金残高がある人々でさえ、もっとお金を手に入れるほうがいいと答えた。[*43]

私たちのほとんどは、お金を時間と交換するという発想は、頭に浮かびさえしない。

それは主に、時間の価値を測るのが難しいためだ。[*44] 1ガロン当たり10セント安いガソリンを入れるために片道2マイルも寄り道するといった、時間とお金のつまらないトレードオフをしているときにさえ、それが馬鹿らしい選択だという気がしない〔訳注 1ガロンは約3・8リットル、1マイルは約1・6キロメートル〕。それは、ガソリン代を余計に払ったときよりも多くのお金が手元に残ることはわかっても、そのためにかかる時間の価値を本当に理解していないからだ。

後ほど、そうした決定について説明する。そうしたら、いつもわずかなお金を節約しようとしてどれだけの価値を失っているかや、そのせいでどれだけ自分がタイム・プアになっているかを知って、あなたは愕然とするだろう。

さしあたっては、**自分が「より安い」決定を下している瞬間を見極めれば、自分の生活の中のタイム・トラップに気づく**ことができる。

たとえば、ほんの少し値段を下げるために、飛行機を乗り継ぐ空の旅を予約するときには、タイム・トラップに陥っている。それで飛行機代は300ドル節約できるとしても、片道4時間ずつ休暇の時間が減り、早起きしたり飛行機を乗り換えたりするせいで疲労とストレスが増す。休暇を8時間、つまりまる1日の仕事に相当する分だけ増やし、しかもストレスと疲労を軽減するためなら、あなたは300ドル払うのではないか？
私たち研究者は、出張して学会に出席したあと、余計にお金を払ってもう1晩ホテルに泊まるか、寝不足覚悟で飛行機に乗って帰宅し、少しばかりお金を節約するかで、しばしば悩む。私は最近、寝不足になるのを我慢して飛行機に乗り、不機嫌で家に帰り着き、パートナーとひどい喧嘩をしてしまった。今振り返れば、１３０ドル払ってもう1晩泊まってきたほうが良かった。そうすれば、翌日、パートナーと2人して腹を立て、ストレスをためて過ごさずに済んだだろう。

この罠は単純そのもので、私たちはそうするべきではないときにも、反射的に最も低いコストを追い求めてしまう。先ほどのガソリンの例をくわしく見てみよう。1ガロン当たり15セント節約するために、いつも6分余計に車を走らせて別のガソリンスタンドに行くとする。月に4回、15ガロン入れて満タンにする。直感的には、そうするだけの価値があるように思える。6分はたいした時間ではないし、節約分も積み重なるから、と。ところが、タイム・トラップに気づいている人は、そうは思わない（**図表1-4**）。

こうして眺めてみると、１０８ドル節約するために、5時間近く費やしている。この場合、1時間当たりの価値は約22ドルで、しかも、わずかなお金を節約するために

図表1-4　**お金の節約と時間のロス**

お金の節約

15セント×15ガロン＝1回当たり2ドル25セントの節約

2ドル25セント×1カ月当たり4回＝1カ月当たり9ドルの節約

1カ月当たり9ドル×12カ月＝1年当たり108ドルの節約

時間のロス

1回当たり6分×月4回＝1カ月当たり24分のロス

1カ月当たり24分×12カ月＝1年当たり4時間48分のロス

5時間運転する代わりにできたことの利益、いわゆる「機会費用」はそれには含まれていない。

こうした計算をしても、高価な選択肢を選ぶほうがいいという結果に必ずなるとはかぎらない。それに、依然としてそのトレードオフはするだけの価値があると思えるかもしれない。それでも、その時々にこうした計算をすれば、私たちがひどく過小評価しがちな時間の価値を、違った目で見ることができる。

タイム・トラップその4　ステータスとしての多忙
——金銭的不確かさとワーキズム

私たちのアイデンティティは、かつてないほど仕事と強く結びついている。アメリカで暮らす人々は目的を見つけるために、友人や家族や趣味ではなく、しだいに仕事に目を向けていることを、最も確かなデータが示している。

仕事は人生の意義の中心的源泉であるという考え方は何十年も前からあるけれど、仕事をアイデンティティの中心に据え、人生の目標にするという、大衆紙の記事で

「ワーキズム」と呼ばれる考え方は最近のもので、盛んになりつつある。『アトランティック』誌に記事を書いているデレク・トンプソンが説明しているように、「ワーキズム」は、「信者を求めて競う、最新の宗教」[*45]だ。

かつて仕事は、目的そのものではなく目的のための手段だと、今より一般的に考えられていた。人は生きるために働く、と。ところが今や、多くの人が働くために生きている。2017年のある調査では、若年層の95%が「楽しくて有意義なキャリア」をもつことが自分にとって「きわめて重要」だと答えた。[*46]

私は自分の頃とは大学に対する学生のアプローチがまったく違うことに目を丸くしている。私や友人たちにとっては、気持ちの赴くままにキャリアを決め、なんであれその時点で興味のある道に進むのが当たり前だった。私は3年生のときに演劇を専攻していて、線形代数の勉強をするよりも、カエルのカーミットの扮装をするほうに、堂々と時間を使った。今の学生は、絶対的なベスト、絶対的に正しいキャリアパス（キャリアの道）を選ぶことを願って、キャリアや、提示されたインターンシップについて質問しようと、気がかりな様子でぞろぞろと私のもとに押しかけてくる。

ある学生は1学期間に5回も会いに来て、将来のプランを見定めようとした。そこで私は彼女に言い聞かせた。「あなたはまだ20歳で、もうすぐハーバード大学を卒業するのでしょう。悪い選択肢などというものはありません。私は大学3年生の1年間を、カエルのコスチュームを着て過ごし、ヨガをやって単位をとり、それでもけっきょく、万事うまくいったのだから！」と。彼女はあまり感心しなかったとだけ言っておこう。

　私たちは仕事を重視するので、今では仕事で多忙であることがステータスになっている。その多忙さを、名誉の印として、甘んじて受け入れている。[47] そして、自分が最も長時間働く従業者だと見なされたがる（たとえ、その時間が生産的でない場合にさえも）。同僚のピーターはかつて、彼がまだいることを人事管理システムが記録するようにという、ただそれだけのために、仕事をしていないときでさえ、午後7時までオフィスに残っていたという。残業手当は出なかったので、午後5時以降も働く直接的なインセンティブ（報奨）はなかった。ピーターのような人々は、自分がノンストップで働き、目が回るほど忙しいせいで社交のプランを次々にキャンセルしていると、ソーシャルメディアで誇らしげに宣言する。

　金銭的な不安もワーキズムを煽る要因で、その不安はしだいに募っている。アメリカでも世界中でも、１９７０年代前期から所得格差が劇的に広がっている。[48] 社会が不平等になるにつれ、人々は現在の自分の金銭的な水準に関係なく、将来についてしだいに不安に感じる。[49] 順調な人は、どこまで自分が転落しうるか心配する。ぎりぎりの生活をしている人は、さらに苦しくなることを恐れる。ほとんどの人は、そうした不安や恐れを抑えるために、今まで以上に働き、もっとお金を稼ごうとする。[50]

自分や家族や友人のための望ましい時間の優先順位を下げることが、当たり前になっている。犠牲にするのがいちばん簡単なのがそうした時間であり、それはどのみち、その価値の測り方がよくわからないからだ。一生懸命働いていないと他人に思われないように、私たちは自発的に休暇を返上する。[51] 外食したり、バカンスに出かけたりするといった、幸せになるための出費には罪悪感を覚える。[52]

このような恐れは根深く、幼い頃に不平等な目に遭ったことが原因の場合もある。自分が育った地域はどれだけ不平等だったかや、今現在お金がどれだけ重要かを、研究仲間たちといっしょに人々に尋ねると、子どものときにさらされた所得格差が大きい人のほうが、どれだけお金を稼ぐかに自尊心が影響を受けうると答える可能性が高いことがわかった。[53] 今どこに住んでいるかや、いくらお金があるかは、関係なかった。子ども時代に金銭的な不確かさを経験すると、大人になって慢性的にお金を重視する可能性が高まるのだ。

私たちは、自分のアイデンティティと仕事や生産性が切っても切れないほど強く結びついているため、忙しくしているように世間に見られると自分について気分が良くなる。[*54] 忙しくしていれば、自分は何かに打ち込んでいて、不可欠な存在なのだという気がする。熱心に働けば（あるいは、働いているふりをすれば）、もっとお金を稼いで、大学のときからプランを立てていた完璧なキャリアパスを進み続ける助けになるかもしれない。それとは対照的に、仕事以外に注意を向けると、生計とステータスが危うくなりかねない。私たちは、自分の価値が認められなくなるのではないかと心配するし、それは部分的には正しい。じつは、従業者が（主に）報いているのは、多忙というカルトなのだ。ノンストップで働き、超多忙だと自慢する従業者は、他人の目には、（実際にはそうでないときでさえ）優れた働き手で、より多くのお金をもち、評判も高いように映ることが調査からわかっている。[*55]

土曜日の午後8時半に届いたメールをチェックすると、たとえそのときは気分が良いかもしれないけれど、そういう行動のせいで、生活全体が不健康で不幸せなものになる。ワーキズムのタイム・トラップは、あなた（そして、あなたの同僚たち）をなおさらタイム・プアにしているのだ。

タイム・トラップその5　手持無沙汰嫌悪
——マインドフルネスと何もしないことの価値

仮に完璧に平等な社会に暮らしていたとしてさえ、私たちは依然として時間のストレスを自ら生み出すことだろう。人間は手持無沙汰になるようにはできていないからだ。哲学者のブレーズ・パスカルは、こう言っている。

「人類の抱える問題はすべて、部屋に独りきりで静かに座っていられないことから生じる」

研究者はこれを「**手持無沙汰嫌悪**《てもちぶさたけんお》」と呼ぶ。私たちはこの嫌悪のせいで、奇妙なことをする。ハーバード大学の心理学教授のダニエル・ギルバートは空き部屋に学生を入れ、何もすることがない状況に置いた。ほとんどの学生は、絶えず刺激を受け、簡単に気晴らしにアクセスできることに慣れているので、この状況がまったく気に入らなかった。[*56] そして、多くの学生は、ただ独りで考え事をしているよりも、軽い電気ショックを自らに与えることを選んだ。

ギルバートは次のようにまとめている。「大半の人は何もしないでいることを考えると、無性に腹が立つ[*57]」。学生とはそんなものだと、あなたが片づけてしまうといけないので、つけ加えると、子育て中の従業者は余暇の活動の最中に「退屈」や「ストレス」を感じていることを別の研究が示しており、最もタイム・プアな人でさえ、リラックスの仕方を知らないことがうかがわれる[*58]。

テクノロジーは、独りで考え事をするのを避ける助けになるかもしれないけれど、ストレスとタイム・プアを招く罠でもある。テクノロジーと絶えずつながっていると、脳は回復する暇がなく、ストレスレベルは高いままとなり、この瞬間の状況から目が逸らされてしまう。

じつは、手持無沙汰は価値ある余暇の形態で、さらにタイム・リッチになるのを助けられることがわかっている。瞑想、祈り、その他のかたちのもののどれであれ、マインドフルネスは、手持無沙汰を効果的に活用する手法だ。マインドフルネスのトレーニングは、ウェブサイトやアプリに導かれて自宅でやり通すことも可能だけれど、それにはどうしても努力が必要とされる。それでも、やるだけの価値はある。脳を解放することから得られる身体的・精神的恩恵は、脳を絶え間なく働かせ続けることで生まれるストレスよりも、はるかに大きな価値があるのだ[*59]。

タイム・トラップその6　約束と楽観
——「イエス……しまった！」の誤算

私たちのほとんどは、自分の未来の時間について楽観的過ぎる。[*60] 今日より明日のほうが時間があるだろうと、愚かにも思い込んでいる。[*61] これは**「プランニングの誤謬《ごびゅう》」**と呼ばれることがある。[*62] 私はそれを、**「イエス……しまった！」**の誤算と呼んでいる。それを説明しよう。

先週の月曜日、友人とコーヒーを飲んでいるときに、土曜日に引っ越すので手伝ってもらえないか、と頼まれ、もちろん、と答えた。火曜日には、別の同僚から、報告書を書いているから土曜日までに目を通してほしい、と頼まれ、いいですよ、と答えた。水曜日には別の友人から、私が行ってみたかった新しいレストランで、土曜日にディナーに誘われた。私は幸せの研究者だから、人づき合いが自分のためになることを知っているので、行くことにした。

状況はわかってもらえただろう。依頼や誘いに次から次へとイエスと言った挙句、土曜日の朝、目覚めて、「しまった！　私、いったい何を考えていたのかしら？」と、ほぞを噛む羽目になった。

じつは、私は研究者だから、自分が何を考えていたか、わかっている。今は目が回るほど忙しいけれど、土曜日はずっと先だから、きっと、みんなやる時間がある、と思っていたのだ。今、イエスと言うのは簡単で（人にイエスと言えば気分が良い）、未来にはたっぷり空き時間があるように見える――ただしそれは、その未来が現在になるまでの話で、あのときイエスと言わなければ良かった、と私たちはしばしば後悔する。

統計的に言うなら、来週どれだけ忙しくなるかを予測するときの最善の基準は、今どれだけ忙しいか、だ。**だから、今、目が回るほど忙しいのならば、先の約束をするのはまずい。人間の頭は、この重要な点を忘れがちで、未来のほうが今より時間があると、誤って私たちに思い込ませてばかりいる。**そんなわけで誰もが楽観し過ぎ、したくもないこまごまとしたことにさえ、軽はずみにイエスと言ってしまう（ノーの言い方は、第4章で学ぶ）。ものを頼まれれば、いつでもどうしてもイエスと言いたくなる。イエスと言えば、手持無沙汰の状態を脱して、生産的になり、人とつながり、評価され、尊敬され、愛されるだろうと思っている。

では、こうして引き受けた責任を果たす時間はどこから捻出するのか？　それはもちろん、もっとタイム・リッチに感じるために使うこともできる余暇からだ。私たちは時間に追われているように感じながら、あれこれ次々にして回り、楽しく過ごすことができない。この忙しさを乗り切れば充実感が得られるだろうと期待して、途方に暮れるような状態に身を置き続ける。[*63] 皮肉にも、絶えず忙しい思いをしていると、そもそもこれだけ忙しい思いをして達成しようとしていた目標の達成が難しくなってしまう。[*64]

タイム・トラップを克服する

以上6つのタイム・トラップが、最も広く見られる。あなたも少なくともいくつか、思い当たるものがあるだろう。他者の評価に対する恐れなど、時間を優先しそこなう理由は、他にもたくさんあり、そのうちのいくつかは、後ほどくわしく説明する。

さしあたっては、自分がとてもよく陥るタイム・トラップを突き止めて記録することを目標にしてほしい。それがどのトラップになるかは人それぞれだ。自分にとってのトラップとは、自分を不幸せにするものや、自分が幸せになるために使える時間を盗み取っていくものだ。この章の最後に用意されたツールキットは、自分がとても陥りやすいタイム・トラップについて考え、それを頭に入れ、これから先の各章で、それらを克服する戦略を練ることができるようにデザインされている。

私たちはみな、自分が餌食にされてきたタイム・トラップを克服する力をもっている。身体を鍛えるために努力するときと同じで、タイム・リッチになるためにも、自由時間を楽しめるように（そして、その時間を増やすように）、毎日小さな計画的ステップを踏む必要がある。そして、これまた身体を鍛えるのと同じで、最初は楽ではない。社会と私たちの心理の両方が敵に回り、共謀してタイム・トラップを途方もなく魅力的なものにしているからだ。

私はこのテーマの専門家で、日々のほとんどは、自由時間をもつことの重要性について書いたり、話したり、研究したりして過ごしている――それなのに、相変わらず多少タイム・プアだ。本来守るべき自由時間を十分守れずに苦労している。珍しく私が休暇を楽しんでいるのを目撃した友人は、「あなたもたまにはオフィスの外で過ごすのね！」というキャプションをつけて、私の写真をソーシャルメディアに投稿した。去年、私に関する投稿でいちばん多く「いいね！」を獲得したのがこの投稿だった（思わず、呻いてしまう）。

運動のたとえを続けると、トレーニングを毎日完璧にこなせなくても自分を罰するべきではないのとちょうど同じで、時間を優先するのが下手でも、けっして自分を打ちのめしてはいけない。時間を優先するのが難しいのには、たくさんの原因があることを思い出してほしい。

私たちは、タイム・プアな状況に直面しても、それをコントロールするようなかたちで自然に対応することはできない。じつは、忙しいと感じているときには、より多くの課題を引き受け始めることが、研究からわかっている。大学時代、私のルームメイトは期末試験のときに、試験勉強のことが心配でしかたなくなり、アルバイトでいつも以上にシフトを引き受け、ものに憑かれたように用事で飛び回った。そして、新しいプロテインシェイクのレシピを考え出してはつくることに、勉強に使えたはずの時間を費やし、悪循環に陥った。ストレスが忙しさに拍車をかけ、それがさらにストレスを生み、忙しさにさらに拍車がかかる。

ある友人が指摘していたとおり、この行動をダイエットになぞらえれば、「うわー！　太っちゃったみたいだ。もう1つハンバーガーを食べなきゃ」と言っているようなものだ。**時間に関しては、この道理に合わないロジックが働いている。**私たちは、タイム・プアに感じているときには、簡単にやり遂げられる小さな課題を引き受ける。なぜなら、自分の時間をうまくコントロールできているように感じられるからだ。[*65] 私たちは、よし！　プロテインシェイクができたし、この用事も終わった。どんどんやり遂げているぞ！　と考える。ところがこの場合、コントロールできているという感覚は偽物で、忙しさの根本的な原因は解決できていない。

タイム・プアの感覚は誰にとっても同じだけれど、タイム・リッチというのは、人それぞれ違って見える。それは、スマホの画面をスクロールする代わりに、あと15分長くギターを爪弾くことかもしれないし、10分間瞑想すること、あるいは、土曜日の朝、職場のゴシップについてスラックでやりとりする代わりに、貯金をどう投資するか学ぶことかもしれない。タイム・リッチがあなたにどう見えようと、私たちの中で**最も幸せでタイム・リッチな人は、計画的に自由時間を使っている。**タイム・リッチを目指すというのは、自分の生活のタイム・トラップを突き止めて克服し、毎日、より幸せで有意義な時間を意図的に生み出すことなのだ。

このあとのツールキットのエクササイズをやって、自分が陥りがちなタイム・トラップをしっかり意識しよう。第2章では、この考察を踏まえ、自分の時間の使い方をさらにくわしく調べ、タイム・リッチになって、もっと幸せなかたちで時間を費やせるようにするための自分専用の戦略を練る。

第1章のツールキット

以下のツールを使って、あなたがどれだけタイム・プアかや、どんなタイム・トラップに陥りやすいかを診断しましょう。

よくある6つのタイム・トラップ

●テクノロジーとの絶え間ない接続

スマホやノートパソコンなどのテクノロジーによって絶えず邪魔が入り、仕事や余暇が切り刻まれてコンフェッティになり、ストレスが生まれます。

●働くこととお金を稼ぐことへの執着

時間ではなくお金がより大きな幸せをもたらす、今働いてお金を稼げば、将来もっとリラックスする時間が手に入る、と人々は誤って信じています。現実には、お金を稼げば富の追求への関心が強まるだけです。

時間の価値の過小評価

人々は、自分の時間を正しく評価していません。だから、ごくわずかなお金を節約するために多くの時間を犠牲にします。

多忙のステータスシンボル化

人々は、仕事に人生の意義を求め、仕事での多忙を利用して、自分のアイデンティティと自尊心を形成しようとします。

手持無沙汰の嫌悪

マインドフルで今この瞬間を楽しみ、何もしないでいることの価値が証明されているのにもかかわらず、人々は、外界との接続を遮断する価値がわかっていません。

「イエス……しまった！」の誤算

人々は自分の未来の時間について、過度に楽観的です。今日より明日のほうが時間があるだろうと考えます。この過剰な楽観のせいで、自分の未来の時間に対する多くのリクエストにイエスと答え、そのときがきて手が回らなくなると後悔します（「しまった！」）。

タイム・プア診断シート

自分の生活全般について考えたとき、自由に使える時間がどれだけあるでしょうか？　−5（ほとんど、あるいは、まったくない）から＋5（たっぷりある）までのスケールで評価しましょう。ここにあなたの答えを記入してください。

自分の生活全般について考えたとき、自由に使えるお金がどれだけあるでしょうか？　−5（ほとんど、あるいは、まったくない）から＋5（たっぷりある）までのスケールで評価しましょう。ここにあなたの答えを記入してください。

次に、あなたの答えを**図表1-5**にプロットしてください。

もしあなたのプロットした点が左下の領域にあれば、あなたは**とても**タイム・プアです。あなたは時間よりもお金を大切にし、ますますタイム・プアになっている可能性が高いです。もし左上の領域にあれば、あなたは**たいてい**タイム・プアです。あま

図表1-5　タイム・プア診断シート

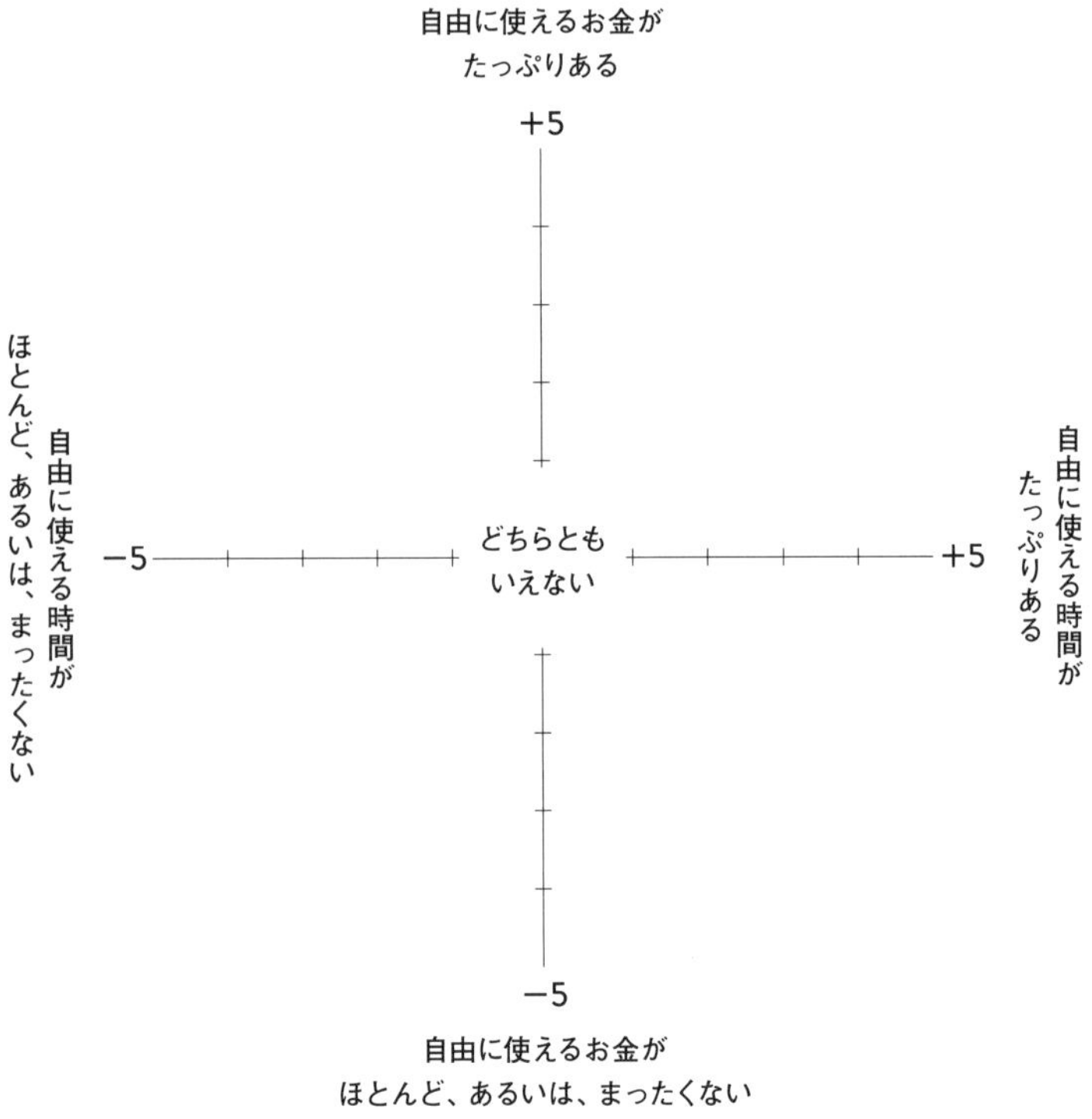

り時間がないと感じていますけれど、依然として時間中心のマインドセットをもっているかもしれません。あなたのプロットした点が縦軸の右側にあれば、**あまり**タイム・プアでは**ない**可能性が高いでしょう。自由に使える時間があるということですから。時間を優先すれば、誰もが恩恵を受けますけれど、**とても**、あるいは、**たいてい**タイム・プアであれば、より多くのエネルギーを注ぎ、注意を向けて、状況を改善したほうがいいでしょう。

自己診断シート

時間とお金について下す自分の決定や、自分が陥りやすいタイム・トラップについて考えましょう。

図表1-6で、自分がどのタイム・トラップに大きな影響を受けているかを確認し、それぞれのカテゴリーで自分が下した具体的な決定を書き出してみましょう。たとえば、テクノロジーのタイム・トラップでは、「少額の買い物のために、検索に時間をかけ過ぎる」といった具合に。

図表1-6　**自己診断シート**

タイム・トラップ	あなたの具体例
テクノロジー メールやその他の通知をチェックする、決定を下すためにウェブ検索をする、など	
働くことへの執着 満足できるところまで到達し、そのときには時間が自由になることを期待して、もっとお金を稼ぐことを重視する	
時間の価値の過小評価 どれだけ時間がかかろうと、最も安い値段を選ぶ	
多忙のステータスシンボル化 どんなときにも働いているように見せかけたり、自尊心を仕事と結びつけたりする	
手持無沙汰の嫌悪 働いていない時間が無駄な時間になってしまうのを恐れ、価値の低い活動で埋める	
「イエス……しまった！」の誤算 未来にはもっと時間があるように思えるため、未来の活動を多く約束し過ぎてしまう	

第 2 章

Steps to Finding Time
and Funding Time

時間を見つけ、
時間に投資するための
ステップ

タイム・リッチになるためのプラン

第1章では、自分が抱いているタイム・プアの感覚についてじっくり考え、よくある6つのタイム・トラップにどんなふうに陥るかを書き出し、自分がおおむね時間とお金のどちらを大切にしているかを見極めた。

今度は具体的に考えてみよう。私たちは毎年、時間とお金にかかわるこうした決定を、何千回も、いや、ことによると何万回も下すことになる。キャリアの決定のように、時間もかかれば、重大な結果をもたらすものもある。[*1] 空港までウーバーで行くか、通勤電車に乗るかといった、一瞬で下す決定もある。[*2] 電話が鳴ったときに応えるといった、ほとんど意識に上りもしないものもある。

私は時間とお金のトレードオフを研究し始める前は、小さいけれど、大きなコストをともないかねない決定を気にも留めないことが多かった。大きな決定を下すときには時間とお金について考えたものの、日常生活ではこうしたトレードオフのことは、じっくり考えたためしがなかった。ところが今では、コーヒーショップを選ぶときでも、車で長距離を移動するときでも、どれぐらい長く列に並ぶ羽目になりかねないかや、目的地に早く着くために通れる有料道路がないかを、必ず考えるようになった。

こうしたことを意識する習慣をつけるのは、第一歩として望ましいけれど、今よりずっとタイム・リッチになるためには、決定を下すのに役立つ戦略を身につけるだけでなく、プランを立てることも必要だ。

それでは、そのプランについて説明しよう。

ステップ1　自分の初期設定《デフォルト》を知る

あなたは序章で自分がテイラーとモーガンのどちらに近いかを突き止めることで、すでにこのステップに取り組み始めている。思い出してほしい。この2人は極端な価値観をもっていて、テイラーはお金よりも時間を大切にし、モーガンは時間よりもお金を大切にする。今度は、あなたがどれだけテイラーかモーガンに近いかを感じ取ってもらおう。

このスケールの片方の端には、私が研究をしているときに出会ったモーガンのような人が位置している。彼は医療の分野で働き、お金を稼いだり生産的だったりすることを中心に生活を設計している。本人に言わせれば、「自宅にいると惨めな気分になる。お金を稼いでいないからだ。だから、働いているほうがいい」とのことだ。彼は病院で目いっぱい勤務したうえで、夜間の呼び出し待機も進んで引き受ける。職場にすぐ行けるように、妊娠中の妻を自宅に残して、病院の近くのアパートで暮らしている。家具などは、すべて揃えてはいない。「お金がかかる」からだそうだ。彼は妻に、子どもが生まれることになったら、「きっかり1時間前」に携帯メールをよこすように指示してあった。職場を離れ、新しい家族に歓迎の言葉をかけ、病院にとんぼ返りしてシフトを終えられるようにするためだった。

彼は仕事以外はいったいどんな生活をしているのだろうと、あなたは思うかもしれない。正直なところ、彼には仕事以外の生活はほとんどない。運動はしないし、夕食はほとんど毎日、車の中か病院のカフェテリアでとる。だから太り過ぎだ。ここではっきり言っておく。このモーガンは私のでっち上げではない。実在の人物だ。あなたは自分がモーガンだと思ったかもしれないけれど、ここまで極端ではないだろう。

私は極めつきのテイラーにも出会った。そのうちの1人はデジタルメディアの戦略家《ストラテジスト》で、自分の人生の何時間もかけていちばんお買い得のトースターを探すぐらいなら、もっとずっと高い製品をさっさと買うほうがましだと思うような人だ。「そんなことに、どうして自分の時間を浪費したりするものか」というわけだ。

彼は都会暮らしで、家賃は高いけれど職場には徒歩か自転車で行ける（だから車はもっていないし、交通渋滞に巻き込まれて時間をとられることもない）。彼は昇進は歓迎するものの、昇進するために「週末や休暇を犠牲にする」気はない。勤務時間以外にはメールはけっしてチェックしない。テレビももっていない。最低限の通信機能しかない彼の「ダムフォン」は、インターネットに接続できないし、夜にはそれすらオフにする。めったにプランは立てない。その代わりに、「友人たちに、どこに行くかや、何をするか、どこで食事をするか、どこで会うかは任せておいて」、約束の時間に約束の場所に「ただ出かけていく」。

あなたは自分がテイラーに似ているけれど、そこまで極端ではないと思うかもしれない。ネットフリックスが好きで、午後5時を過ぎても働き続けたり、日曜日の夜にメールをチェックしたりすることが周囲に知られている人もいるだろう。

私たちのほとんどは、モーガンとテイラーの間のどこかに位置する。両極端のどちらにどれだけ近いかを考え、それから**図表2-1**のスケールで、自分はこのあたりだという所に印をつけよう。

このデフォルトのマインドセットは良くも悪くもないことを思い出してほしい。それは、人生での経験や社会的な環境を通して設定される。貧しい家庭で育ち、所得格

図表2-1　あなたはお金重視？　時間重視？

このスケールであなたのデフォルト設定を見極めよう

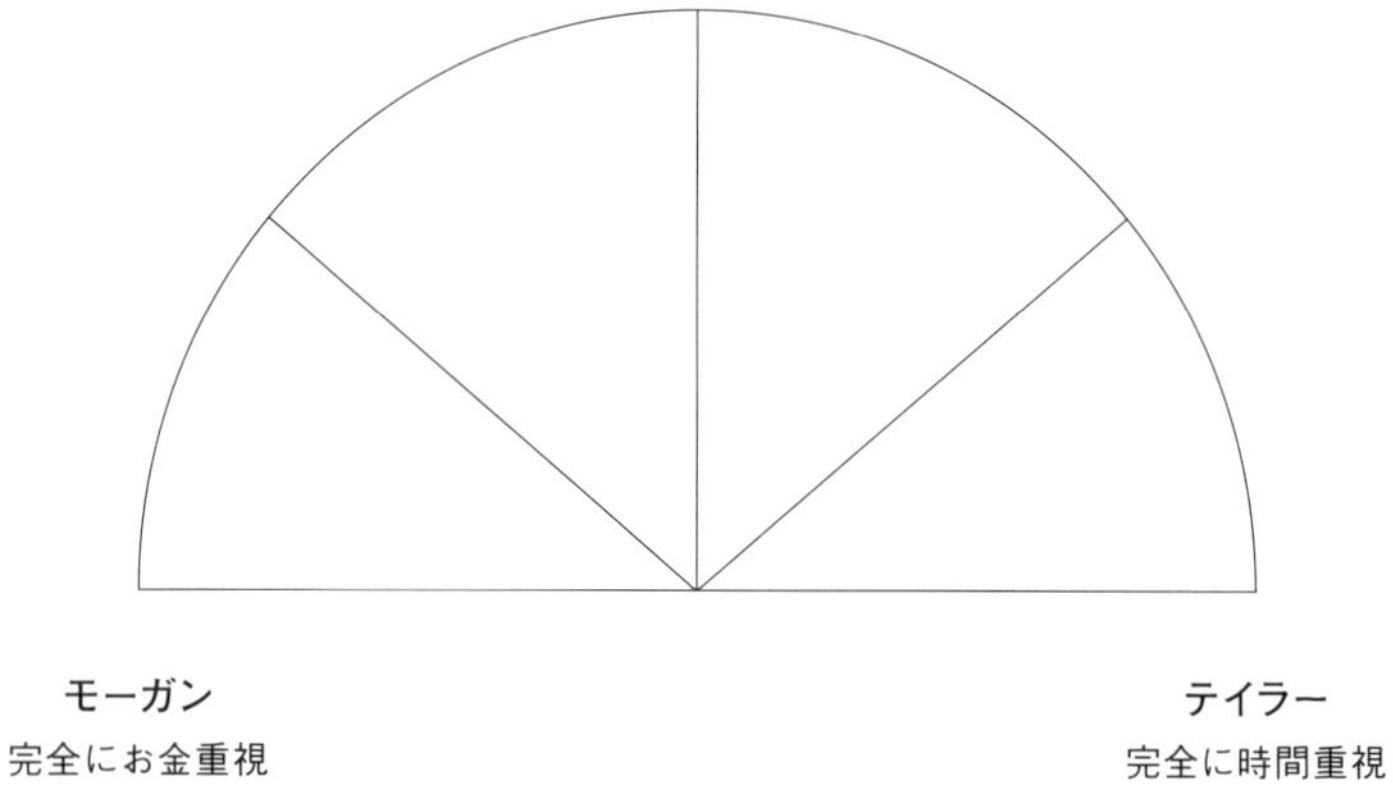

差が大きい地域で暮らし、金銭的な将来が不確かだと感じている人は、働いてお金を稼ぐことを重視するようになる。[*3] そして、それはおそらく正しい決定だ。ぎりぎりの生活をしている人は、**図表2-1**のスケールのお金寄りにデフォルト状態が設定されているほうが幸せなことが多い。[*4]

とはいえ、お金を大切にし、そのほうが幸せになる立場にある人でさえ、時間優先の選択をすることで恩恵を受けられる。たとえどの位置からスタートしようと、スケールのテイラー（時間）側に最低でも少しばかり移るべきであることを、私が何年もかけて集めたデータが示している。しだいにタイム・リッチで幸せになる人はみな、まさにそうしたのだ。[*5]

ステップ2　自分の時間を記録する

タイム・リッチになる道を進み始めるためには、基準として、自分が時間の使い方をどう決めているかを理解する必要がある。これをうまくやってのけるには、次の火曜日に、自分がどう時間を使うかをくわしく記録するという方法が有力だ（この章の終わりにそのためのツールキットが用意されている)。

なぜ火曜日なのか？　火曜日は、かなり決まりきった仕事日であることが多く、人はたいてい、望ましくない気持ちやストレスを他の日よりも多く経験するので、あなたをタイム・プアにしている活動を捉えやすいからだ。[*6]　もし火曜日にできなければ、他の仕事日を選べばいい。[*7]

それぞれの活動について自分がいったいどう感じているかを、望ましいか望ましくないかだけではなく、もっとくわしく記してほしい。たとえば、その活動は非生産的だったか、生産的だったか？　楽しいものだったか、有意義なものだったか？　この第二のステップは、時間の価値を把握し、それぞれの活動があなたの人生に付加してくれる意義について考えるときに重要となる。[*8]

たとえば、子育てには多くの緊張がつきもので、2週間以上、夜ろくに眠れなければ、とても楽しいとは言えない。それでも、ほとんどの人にとって、我が子が第一歩を踏み出すところを眺めることほど報われる経験はない。[*9]　ソファに腰を据えてお気に入りのテレビ番組を観るのは楽しいけれど、それが人生の意義の源泉になるとは言い難い。ストレスを感じるような非生産的な活動に費やしている時間には、とりわけ注意を払うべきだし、そんな活動の代わりにもっと生産的な経験や楽しい経験や有意義な経験を積み重ねることに的を絞れないかどうか、自問してみるべきだ。[*10]

自分の活動を記録し終えたら、１つひとつについてじっくり考えてみよう。どの活動が楽しく、どの活動がつらかったか、どれが生産的で、どれが非生産的だったか、どれが楽しさをもたらし、どれが意義をもたらしたか？　ストレスがかかり、不幸せに感じる活動については、それに費やす時間を減らせないか自問してほしい。仕事や運動のように、抜け出せなかったり抜け出すべきでなかったりする活動については、もっと愉快なものにしたり、それほど張り詰めたものでなくしたりできないか、検討するといい。

ステップ3　時間を見つける

好きでない用件や自分でコントロールできない用件に縛られるというのが、タイム・プアの大きな原因の１つだ。[*11]したがって、タイム・リッチになるための、いちばん手軽で明白な道は、喜びをもたらしてくれる活動に費やす時間を増やし、惨めな気分になるような活動の時間は減らすような、意図的な選択をすることだ。[*12]ミニマリズムのファンなら、この取り組み方は、**住宅の片づけや暮らしの整理で有名な近藤麻理恵にちなんで、時間使用の「こんまりメソッド」と考える**こともできる。

彼女のやり方を私たちの目的に合わせると、こんな感じになる。

- 自分がどんなふうに時間を使っているかを観察する
- **この活動にときめくかどうか？**　と自問する
- もしときめかなかったら、その活動はやらないようにする

労働経済学が好きな人なら、この取り組み方は、個人的なU指標（未活用労働指標）の最大化と考えることができる。[*13]

- 自分に幸せをもたらす活動と、自分を惨めにする活動に費やしている時間のパーセンテージを計算する
- 望ましい活動をできるだけ増やす
- 望ましくない活動をできるだけ減らす

いずれにしても、自分をタイム・プアに感じさせる種類の日常的な活動を、タイム・リッチに感じさせてくれる種類の活動に変えるための時間を見つけることになる。時間を見つける方法は、いくつかある。

悪い時間を変える

時間を見つけるためには、通勤途中や列に並んでいるときなどの「悪い」時間の短いチャンクを捉え、オーディオブックや音楽を聴くといった、幸せを生み出す活動をそこに組み込むことから始める。

変えることのできる活動をいくつか思いつくのは、おそらくわけもないだろう。会議は多くの人にとってタイム・プアの元凶だから、カレンダーを見直して、できるかぎり会議の出席を避け、その時間、外で散歩でもしよう。メールソフトは1日の終わりまで閉じておけば、ひっきりなしに作業を中断されないで済む。土曜日にはスマホをオフにして、姪とグリルドチーズサンドイッチをつくって食べて楽しもう。

実際に何をどう変えるかはさまざまで、それは、好き嫌いは人それぞれだからだ。美術館に行ってつまらない思いをする人もいれば、繰り返し出かける人もいる。肝心なのは、あなたが嫌いな時間を見極めて、それを変える方法を探すことだ。

こうした単純な戦略の1つだけでもやり抜けば、その分だけタイム・リッチになれるし、その違いを見て取るために、使い方を変えた時間を計算するべきだ。たとえば、たいていリモートワークをする金曜日に、出席が任意の45分の会議に出る代わりに、ギターを練習するとしよう。45分を52倍して1年分を手早く計算すれば、39時間、つまり1日半以上を変えたことがわかる。そして、自分に喜びをもたらすことにその39時間を使って得られる恩恵まで加えれば、タイム・リッチになる効果をさらに高められる。

良い時間を増やす

望ましい経験を加えることでも、時間を見つけることができる。生産的であろうと非生産的であろうと、もっとやりたい望ましい活動はあるだろうか？　私にとって、読書と音楽鑑賞はとりわけ幸せな経験なので、仕事をしていない時間になるべくこの2つの活動をするようにしている。

とても幸せな活動や有意義な活動は、たとえほんの数分のものであっても、大きな違いを生み出せる。たとえば、毎週1晩はテイクアウトの食事を注文して、浮いた時間を読書に費やしてもいいではないか。

勤務時間を減らす

　仕事をもっていると、それにかかわることのいっさいが共謀して私たちをタイム・プアにする。仕事に出かけるための準備、通勤、日中の空き時間にお腹に詰め込んだ不健康な食事（あるいは、あまりに忙し過ぎて、食事を抜くこと）、終業後の緊張緩和……。こうした望ましくないタイム・プアな活動は、悪循環を招く。私たちは、時間に追われているように感じると、自由時間を意図的に確保しづらくなる[14]。仕事をしていないわずかな時間にも、スマホを眺めたりするようなタイム・プアな活動に耽ってしまう。仕事に圧倒されているように感じているタイム・プアな人は、タイム・リッチな人よりも多くのお金を、気晴らしにはなるけれど幸せも意義も提供してくれない買い物に使ってしまう[15]。

　上司と調整して、隔週に1日でも在宅勤務をさせてもらえば、タイム・プアの原因となるこの種の活動を、たちまち10％は減らせる。週に1日、家で働ければ、惨めな思いの5分の1をカットできる。たとえいつもと同じ時間数働かなければならなくても、勤務の前後に生まれるストレスに苦しまずに済むので、勤務時間中もより生産的で健康になることを、調査が示している[16]。

　上司に少しばかりフレックスタイムを取り入れてもらえるように頼んでみよう。私に言われて頼みに来たと、その上司に言えばいい。在宅勤務が不可能ならば、休憩も有給休暇も全部とり、リセットボタンを押して再び爽快な気分で仕事に戻れるようにしよう。[*17]

適切な種類の余暇をとる練習をする

次から次へとネット情報を検索したり、ごろごろと寝転がったりし通しで自由時間をそっくり使い果たさないことが重要だ。ボランティア活動や人づき合い、運動といった、**能動的な余暇**に自由時間を使うと、テレビを観たり、居眠りをしたり、オンラインショッピングをしたりといった、**受動的な余暇**活動に耽って時間を過ごすよりも、はるかに幸せになれる。[*18] ただ身体を動かすだけでも効果がある。研究によれば、直前の25分間に動いた人のほうが、強い幸福感を報告するという。[*19]

私は研究仲間たちとこれを調べてみた。ミリオネアは、財産がほとんどない人よりも（ほんの少し）幸せであることがわかったけれど、これは意外ではなかった。お金を多くもっている人ほど喜びを感じているわけではないものの、人生の満足感が高いことが多い。そして、それこそ私たちがその調査で測定したものだ。ただし、ミリオネアのほうが幸せなのは、お金のおかげではなかった。ミリオネアのほうが、能動的な余暇に毎日費やす時間が30分長く、「テレビを観る」や「なんにもしないでいる」といった消極的な余暇に費やす時間が40分短かった。これを合計すれば、時間のスケール上で、タイム・リッチになる行動の方向に70分のシフトになる。[*20] この習慣が1年続けば、時間の使い方に大きな差が出てくる。なにしろ、富裕な人は、よりタイム・リッチで幸せに感じさせてくれる活動に何百時間も多くをかけているのだから。

食事のためにもっと時間を見つける

私は、パリ生まれの（食事とくれば当然だろう）共同研究者ロマ・キャダリオとともに、1万人以上を対象とした調査から突き止めたのだけれど、フランス人は毎日、アメリカ人よりも多くの時間を食事にかけるのに対して、アメリカ人は食事を楽しむよりも、何を食べるかを選ぶのに多くの時間をかける。[*21] フランス人は味わうことを重視するので、食事からより大きな満足感を得て、ストレスの軽減を感じる。

ところが、仕事や家事を片づけ、食べる店を決めて、そこまで行き、メニューから料理を選ぶという、食事までの活動には時間がかかる。外食は幸せを生む典型的な活動のように見えるけれど、ストレスと闘うにはあまり効果的ではないかもしれない。むしろ、料理を注文して配達してもらい（あるいは、何か以前に注文したものを自動的に注文できれば、なおいい）、ゆったりと座って食事や同席者との会話を楽しむほうがいいだろう。[22]

知らない人と出会ったり他人を助けたりする時間を見つける

質の高い社会的なつながりをもつことの恩恵は、定期的な運動や禁煙の恩恵に匹敵する。[23] 飛行機で隣の席に座っていた人とのおしゃべりのような、見知らぬ人との束の間の交流でさえも、気分を良くしてくれる。[24]

ボランティア活動で社会的交流をすれば、幸せになるだけでなく、タイム・プアだという感覚も薄れやすくなる。ある調査で、研究者たちは人々に、プランを立てていなかったことを自分のために、あるいは他人のために、10分から30分するように頼んだ。すると、他人を助けることに予定外の時間をかけた人は、自分の未来が前より限られていないように感じた。

これは逆のように思えるかもしれない。なぜなら実際には、ボランティア活動には時間がかかるからだ。ところが、向社会的な活動を行なうと、気分が上向き、タイム・リッチになれる。私たちは、時間を分け与えるという選択肢があるときには、自分の時間を前よりうまくコントロールできているように感じるからだ。[25] 毎日必ず2分を割いて、見知らぬ人に挨拶したり、他人のために何かしたりすれば、1年で12時間の向社会的な時間を自分の人生に加えることができる。

畏敬の念を経験する時間を見つける

景色の良い場所をハイキングしたり、数分間、空を見上げて過ごしたりすれば、気分を一新できる。畏敬の念を起こさせる経験は、時間のストレスを軽減してくれる。[*26] 自分のスケジュールにどんな活動を加えようか考えているときには、自然に囲まれて公園を散歩する時間や、机に向かっているときにもYouTube（ユーチューブ）で美しい景色の動画を観る時間をとろう。[*27]

＊　＊　＊

たとえタイム・プアだと感じていても、取り返せる時間はある。この章のツールキットで自分のために日々の活動リストをつくり、やめたり何かに替えたりする機が熟した活動を突き止めれば、タイム・リッチになるために、絶好のスタートを切ることができる。

ステップ4　時間に投資する

時間はおおむねただで見つけることができる。1週間に1回、任意参加の会議を欠席して散歩するのには、まったくお金がかからない。とはいえ、タイム・プアになるような望ましくない経験を、もっと直接的に減らす方法がある。それは、お金を払ってそうした経験をなくすことだ。時間への投資がいい。

スタートアップのコミュニティはこの戦術を活用している。ベンチャーキャピタリストは指導している相手に、起業家としての発想の核心にない仕事はできるだけ外注するように助言する。これを実践すれば、起業家は自分のミッションにとって最も重要な仕事に集中できる。起業家はシェフを雇い、料理に時間をかけないで済むようにする。移動時間を減らすために提携企業の近くに、あるいはその企業と同じ建物の中にさえ、仕事場を確保する。高性能の会議ソフトや共同作業用ソフトを購入して、リモートワークをできるかぎり効果的・効率的にする（全体として、このように仕事に執着することでタイム・プアになるかどうかは別の問題だ。それでも、時間に投資するということの原則は、これからやることとまったく同じだ）。彼らは大切なことに気づいている。なぜなら、たとえば、調理サービスを利用したり、仕事を最高幹部に委任したりするＣＥＯは、たいてい自分の時間の使い方により大きな満足を覚えていることがわかっているからだ。[*28]

恩恵を受けるのは、富裕なCEOだけである必要はない。時間への投資は効果的——あなたが思っているよりも効果的——で、それは住んでいる場所や年齢とは無関係だし、性別にも関係なく（男女が等しく恩恵を受ける）、何時間働くかや、どれだけお金を稼いでいるかとも無縁だ。タイム・リッチになるためには、あなたが思っているほどお金はかからない。そして、恩恵を得るためには、今思っている以上にお金を費やすべきだ。

私はある実験で、働いている成人に2回、40ドル支払った。最初の週末には、その40ドルで自分のためにモノを買うように言ったので、参加者はTシャツやボードゲームや化粧品などを買った。次の週末には、「どんなかたちでもかまわないから、時間を節約する」ために40ドル使うように言ったので、彼らはテイクアウトの食事を注文したり、バスの代わりにタクシーに乗ったり、食料品や雑貨などの買い物を配達してもらったりした。すると、時間を節約するためにお金を使ったほうが、幸せに感じ、ストレスが減った。[*29]

時間を取り戻すために節約よりも投資

外注をするだけの価値があるかどうかを判断するには、自分にとって最も望ましくなく非生産的な経験の一部を外注するのにかかるコストよりも、自分の時間のほうが価値があるかどうかを自問するといい。[*30] 私は自分の活動のリストを眺めたときに、通勤の途中で交通渋滞に巻き込まれて過ごす惨めな時間が、いちばん惜しいと思った。そこで、自宅から職場までウーバーで行くのにかかるコストを調べ、その時間を私が大好きな活動である読書と音楽鑑賞（新曲を見つけることも含む）に使うことにした。

この投資によって、私はタイム・プアな活動（通勤）をタイム・リッチな活動（読書と、音楽の好みの拡大）に変えた。また、音楽のサブスクリプションサービスにお金を払って、広告を聞かされずに音楽を楽しめるようにした。

これは贅沢《ぜいたく》に見えるかもしれないけれど、計算してみると、**図表2-2**のようになる。

私は、以前なら日中に持ち越されるストレスに満ちた時間（仕事日に換算すると毎月ほぼ2日分）を取り戻すことができた。そして、その時間を、自分をタイム・リッチで幸せにしてくれる活動に回すことができ、しかも、その費用は1カ月当たり約600ドル、1時間当たり40ドルで済む。これは良い取引だと思う。ここで思い出し

図表2-2　タイム・プアをタイム・リッチに変えるためのコストと便益

コスト

ライドシェア（相乗り）	1日当たり30ドル、1カ月当たり20日＝600ドル
音楽のストリーミングサービス	1カ月当たり12ドル＝12ドル
総額	1カ月当たり612ドル

便益

取り戻せた時間	1日当たり45分、1カ月当たり20日＝15時間
通勤のストレスはほぼゼロまで軽減	
楽しく有意義な活動が1年当たりおよそ165時間増加	

てほしい。これは新たな出費ではない。６００ドルのコストがかかるものの、私は車のリース代やガソリン代、駐車場代はもう払わなくていい。こうしたコストは毎月５００ドルだった。だから、この決定を別の角度から眺めれば、私は毎月１００ドル多く払って、15時間を取り戻せるということだ。だから私にとっては、ウーバーを利用するほうが、自分で運転してコストを節約するよりも、得るものが大きかった。

　それでもあなたは考え込んでしまうかもしれない。１００ドルといえば、けっこうな金額だし、私たちの文化では贅沢に思える。何かの雑用や家事をそっくり外注する余裕がないと感じたら、そのうちでもとりわけ嫌なものを、2回に1回か4回に1回、あるいは、スケジュールが特に詰まっていて忙しいときにだけ外注することを考えてほしい。そういうときに、時間への投資が最も有効であることを、私の調査が示している[*31]。

　それから、時間を取り戻すための出費の価値を見くびらないでほしい。いつも出費を最小限に抑えることを考えるように、頭がプログラムされているから、そうした出費は額が大きいように思えてしまう。そのうえ、たとえばストレスを減らしたり、大好きなことをする時間を手に入れたりするといった、定量化が難しいアイデアにはどれほどの金銭的な価値があるかは、なかなかわからない。間もなくあなたは、こうした要因の価値を計算することになる。贅沢に見えかねないものにもっとお金を費やすと、意外なほど気分が良くなる理由が、その計算でわかるだろう。

それから、時間に投資するための費用を浮かせるには、モノの購入（思っているほど自分を幸せにはしてくれない可能性が高い）のうち、やめられるものを探すという手もある。私はライドシェアに回すために、コーヒーショップでの毎日の出費をなくし、不要なものをオンラインで注文するのをやめることで、１００ドル「見つけた」。

では、時間に投資するときに考えるべき他の戦略を見てみよう。

日常の雑用や家事を減らす――ただし、減らし過ぎない

日常の雑用や家事をいったいどうやって外注したらいいかわからなくて困ったら、アンジーズ・リストやビヨンド・ザ・ラックやタスクラビットといった企業が頼りになる。こうした企業が、時間への投資を、かつてないほど手軽な料金で可能にしてくれる。買い物や掃除や洗濯のサービスといった、時間を節約するサービスにお金を使えば、時間のストレスが減り、幸福感が増す。ただし、注意してほしい。外注を増やし過ぎると、管理するのが面倒になり、ストレスを招いてしまう。気がついたら、スケジュールが手に負えなくなり、約束時間や配達などの設定と管理で大わらわという

事態に陥りかねないから。[32]

何を外注したいのかを理解する

ディナーの支度をするのがストレスになるからといって、ただ食べ物を注文すればいいなどとは思わないでほしい。私がスマホ・アプリのジョイを使って行なった調査では、多くの消費者が、食事の配達サービスよりも食材とレシピがセットになっているミールキットの定期配達サービスを受けるほうに大きな満足を覚えることがわかった。[33] これは、料理が好きな人は多いものの、何をつくるかを考えたり、ちょうど必要な量を見極めて食材を買ったりするのが面倒だからだろう。

だから、自分が嫌いな活動についてしっかり考えてみよう。あなたが本当に嫌いなのは何か？　車での通勤が嫌いなのか、それとも、通勤中、お金を払って音楽のストリーミングやポッドキャストを聴いたりせず、たいてい前の車のバンパーを眺めている以外にすることがないだけなのか？　するのが楽しくない活動のいちばん嫌な部分を変えるために投資するといい。

たとえば、食料品や雑貨の配達サービスを利用することで時間に投資すれば、食事の支度のうちで自分が好きな、調理の部分により長く取り組める。この場合にも、手早く計算すると、依然として時間を節約できることがわかる。何を食べるかを決めたり（10分）、食材を買ったり（20分）するのを週に1回やめるだけで、1年で26時間が空く。テイクアウトの食事を注文すれば、もっと時間を節約できるかもしれないけれど、それでは自分にとって楽しい調理の時間も失うことになる。

私の調査に参加したある女性は、要領をつかんだ。[*34] 彼女は投資したい活動を書き出しているときに、日常の雑用や家事全般と、自分が惨めになる種類の具体的な雑用や家事とを注意深く区別した。彼女は次のように述べた。

「私は神経質なので、洗濯や食器洗いや家の片づけをしていると、自分の人生をきちんと整理できているように感じられます。1日に20分か30分かけてきれいに片づけていると、気分が良くなり、自分が主導権を握っているという気がします。それに比べると、幅木の汚れを落としたり、便器を磨いたり、床にモップをかけたり、ポーチを掃いたりといった、本格的な掃除は、うんざりします。こうした家事は、考えただけで憂鬱になりますし、夫にも腹が立ちます。こういうことは何一つやってくれませんから。そこで、月に1回は人にお金を払って、全部やってもらっています」

時間に投資する余裕がないと思い込まない

ぎりぎりの予算で生活をしている人でさえ、時間に投資することができるし、考えているよりも多くを費やすべきだ。[*35]

大学生のキャメロンを例にとろう。彼は、お金よりも時間を重視することの重要性について私が話すのを聴いたあと、収入が少ない学生であるにもかかわらず、これまで述べてきたような戦略を実施してみることにした。そして、その成果を嬉しそうに報告してくれた。

「新しい仕事を始めてから、土曜日の朝は6時に出勤しなければなりません。最初の月給を使って、クレイグズリストで中古の自転車を買いました。これで、通勤時間がぐんと縮みました（以前は歩いていっていましたから）。今はもう、6分で職場に着きます！　それから、今度はタイマーつきの新品のコーヒーメーカーを買いました。この頃は、毎週土曜日の朝4時57分にコーヒーメーカーのスイッチが入り、ヘーゼルナッツコーヒーを淹《い》れてくれます。おかげで、ベッドの中でもう少しだけ貴重な時間を過ごせます。この2つの買い物をしたから、朝にかかる時間が減って、仕事に遅刻しないようにというプレッシャーが軽くなりました。お金を使っただけの甲斐があったというものです！」

それでも罪悪感を覚えるようなら、時間の節約を贈り物として求める

それでもあなたは、相変わらず外注に罪悪感を覚えるかもしれない。そして、**私は外注するような人間ではない**、と自分に言い聞かせる。お金をかけるだけの価値があり、幸福感が増すという証拠を私が示してもなお、やってみようという気になれない人がいる。[*36] もしあなたがその1人なら、時間を贈り物として求めるといい。もし誰かがどのみちあなたにお金をかけてくれるつもりなら、あなたの時間のためにそのお金を投入してもらおう。私たちはあまりそうした贈り物はしないけれど、人は、時間を節約することを念頭において与えてもらった贈り物を、お金を節約することを念頭において与えてもらった贈り物よりも、配慮に富んだものと受け止めてありがたがる。私たちのほとんどは、自分のために時間節約になる買い物をするのをためらうから、なおさらだ。[*37]

ある女性は、こう説明してくれた。

「掃除をしてくれる人を雇うことで、結婚生活が救われました。2人ともフルタイムで働いていたときには、何から何までやるのはほぼ不可能で、家の中がひどい状態になってしまいました。けれど、時間節約のために定期的にお金を使うことには、かなり抵抗がありました。家のローンを払ってしまおうとしていたからです。そこで私

は、誕生日やクリスマスにどんなプレゼントがほしいか聞かれたときには、誰かに掃除をしてほしいと、いつも言っていました。そして、ある年の誕生日にその願いがかなったとき、どれほど嬉しかったか、想像してください！　私は掃除があんまり嫌いなので、もし地獄が本当にあって、そこに送られたら、きっと掃除を担当させられるって、冗談を言っています。幸い、時間を贈ってもらえたので、自分自身の地獄（掃除）にはまり込まなくて済みます[38]」

　ここで一言、注意しておきたい。この女性の話とは裏腹に、時間を節約する贈り物は、恋人や夫婦の間でよりも、仕事にかかわる場面でのほうが、与えられた側に喜ばれる[39]。また、与えられる人が楽しめない活動のためのものであるほうが感謝される[40]。時間の贈り物は万能薬ではない。相手の好みに基づいた贈り物を与えることも重要なのだ[41]。贈り物を与える人たちに言っておきたい。もし相手が料理をするのが好きなら、時間の節約になる自動電動ミキサーを贈っても、デザートづくりが大嫌いな人ほど喜んではもらえないだろう。

比較しながらの買い物を減らす

最安値のものを見つけるために使う時間の量は、最終的に節約できるお金の額よりも価値が高いことが多い。少しでも安いガソリンを求めて遠くまで車を走らせたり、同じ服が安い価格で売られていないかと、店から店へと回ったりしても、それで節約できる金額に見合う以上の時間をとられる可能性が高いのだ。

　私の担当編集者が新しいテレビを買うときに、比較しながらの買い物を減らすというこの戦略を使ったのを知ったときは嬉しかった。いつもなら、彼はそういう買い物をするときには徹底的に調べるほうで、画素密度や機能の一覧、リフレッシュレート〔訳注　１秒間の画面の更新回数〕などをじっくり見比べる。自分の投資対象が長く使えることを確認する。インターネット上でレビューを読んで候補を絞り込み、店に出かけて実物を調べ、事前調査どおりに満足できるかどうか確かめる。それからいくつも店を見て回り、最安値のものを探す。これには何時間もかかるので、少なくとも週末のほとんどが潰れる。

　ところが今回は、価格帯を決め、それに入るテレビ数台のレビューを見て、１つ選んだ。それでおしまい。全部で30分もかからなかった。「最高のテレビを最安値で手に入れなくてはいけないというマインドセットから抜け出すのは、最初、本当に難しかったです」と彼は言う。「でも、けっきょく、たとえば１００ドル余計に払ったとしたところで、それがどうしたというのでしょう？　週末がそっくり取り戻せたんですから。大きな買い物だと、おそらく最低でも15時間を。今回の経験で、買い物に対する考え方ががらっと変わりました」

ステップ5　時間の捉え方を変える

私たちは、時間を分単位で測り、自分の時間のコストを考えるし、そうするべきでもある。とはいえ、時間についてどう感じるかを変えることもでき、そうすることによっても、もっとタイム・リッチになれる。

たとえば、自分が経験していることを悠々と楽しめば、その経験の認識を変えられることが調査からわかっている。[*42] ある調査では、次の週末を「バカンス」として扱うように指示しただけで、週末の捉え方が変わり、人々は自由時間を楽しむ度合いが増して、気分が良くなった。[*43] 逆に、過去を思い返したり（たとえば、働いて過ごした1週間について考えたり）、未来を予想したり（たとえば、働いて過ごす次の1週間について考えたり）すると、時間に追われているような気になる。私たちは現在に注意を集中させることで、目の前に存在している楽しさに敏感になり、そうすることでタイム・リッチになれる。[*44]

時間にとって最大の敵である私たちの仕事でさえ、捉え方を変えることができる。工事現場や1日中立ち詰めの小売店などで、身体に負担の大きい仕事をしている人は、身体を使う活動の捉え方を変えることができる。人々は、そうした身体への負担を、「運動」と考えると、仕事がもっと好きになり、前より体調が良いように感じることが、調査からわかっている。[*45] ある調査では、ホテルの客室係たちに、彼らが仕事でしている活動は、活発で健康な人であるために推奨される活動レベルに達していると告げた。このように見方を変えただけで、客室係たちの体重や体脂肪や血圧に大幅な改善も見られた。[*46]

同様に、車での通勤中、これから1日をどう過ごすかプランを立てるといった目標を意図的に設定している人は、通勤がもっと楽しくなり、仕事を辞めたいと思う可能性が減った。以前より、これから始まる1日に対する準備ができているように感じたからだ。[*47] 望ましくないように思える時間も、なんらかのかたちで望ましい時間であると思えるように捉え直せば、もっと気分良く過ごせることが、こうした調査からうかがわれる。

さらに上の次元で捉え方を変える
——時間を大切にすることの時間的な価値

タイム・リッチになるためのとても価値ある方法の1つが、タイム・リッチである価値に気づくことだ。[*48] 時間をかけて時間の貴重さを認識すれば、時間に対する感じ方が変わり、この上なく平凡な活動からさえ、より多くの幸せを引き出したくなる。[*49]

この現象は、調査によって何度となく証明されている。人々は、今住んでいる町にはあと1カ月しかいられないと想像するように言われると、公園の中を歩いたり、芸術作品に気づいたり、ペットや人々を目にしたりするなど、普段なら気に留めることもなく、過小評価して過ごしていた時間から、急に大きな満足感を得るようになった。[*50] 別の調査では、好きな食べ物（もちろん、チョコレート）を7日間食べずに我慢するように言われた人々は、次にそれを味わったときに、前よりも楽しめた。[*51]

私が行なっている臨死体験の研究からは、時間を大切にすることの時間的な価値を示す絶好の結果が得られる。[*52] 死にかけたことのある人は、時間が前よりゆっくり流れるように感じる。彼らは日常の経験を以前よりありがたく思い、職業上生産的な目標よりも人づき合いに的を絞った目標を優先する。手術台で死んだ（4度も！）ことのある人が、こう説明してくれた。

「私の人間関係が、1つ残らず変わりました。愛する人々への敬意を新たにし、何事も当たり前と受け止めることはなくなりました。母との関係は、はるかに緊密になりました。姉妹との絆もずっと強まりました。人生が本当はどれほど短いか、思い知らされたからです！」

この人の場合には、ぞっとするような経験をする羽目になったけれど、タイム・リッチになるためには、死にかける必要はない。それどころか、あなたはもう、タイム・リッチになるための道を歩み始めている。時間の価値を把握し、それぞれの活動にどれだけの時間をかけているかを書き留めれば、時間の真価を理解できるようになる。[*53] この本を読むだけでも、時間の価値に対する理解を深め、タイム・リッチになる、素晴らしい第一歩が踏み出せるのだ。[*54]

＊＊＊

「時間を見つけるためと、時間に投資するために、それぞれどれだけの時間をかけるべきでしょうか？」とよく聞かれる。ところが、決まった答えはない。テイラーとモーガンのスケールを見直すことから始めよう。もしあなたが（私と同じで）そこそこ、あるいはかなりモーガン型で、お金を重視するなら、時間に投資するよりも時間を見つけることに、もっと力を入れるといいだろう。時間に投資しようと、あまり一生懸命になると、ストレスを感じる可能性が高い[*55]。だから、あなたの投資は戦略的で低リスクであるべきだ。それとは対照的に、もしあなたがテイラー寄りならば、時間への投資を重視するといい。時間を買い戻すためにお金を使うことに、それほど悩みはしないだろう。とはいえ、時間を見つける努力も、ある程度はするべきだ[*56]。

　何を大切にするにしても、人づき合いやバカンス、趣味、ボランティア活動などの能動的な余暇活動のための時間を十分残すようにしてほしい。そして、もちろん、自分の時間の捉え方を変えようとするべきだ。あなたがお金と時間のどちらを大切にしていようと、こうした活動はみな、ストレスを軽減してくれる。

　この章ではずっと、新しい習慣の基礎を固めることに的を絞ってきた。あなたはここまで読んでも相変わらず、時間を優先することを疑問に思っているかもしれない。それは、節約したお金よりも、手に入れた時間の価値のほうが、信じるのが難しいからだ。お金は額の大小を簡単につかめるのに対して、賢く使った時間は測るのが難しい。だから、自分の時間にどれだけ価値があるのかを示す測定基準が必要となる。次の項では、その出発点となる枠組みを紹介しよう。

自分の時間の価値を把握する

次のようなジレンマに直面したらどうしよう？ 同僚の仕事を5時間かけて手伝ってあげたら、大好きなバンドのコンサートのチケットを2枚くれた。数日前、別の同僚の仕事を15時間かけて手伝ってあげたときには、それなりに良さそうな別のコンサートのチケットを2枚もらっていた。両方とも同じ晩のものだった。どちらに行っても、楽しいひとときが過ごせるだろうけれど、あとからチケットをもらったほうのバンドはあなたのお気に入りで、そちらに引かれる。さあ、どちらに行くか[*57]？

選択肢A　大好きなバンド（5時間の労働の対価）
選択肢B　良いバンド（15時間の労働の対価）

今度は、同じ選択をせざるを得ない別の状況を想像してほしい。仕事を手伝った時間と引き換えに手に入れたチケットの代わりに、自分がお金を払って手に入れたチケットだったら、どうするか？

選択肢A　40ドル払って手に入れた大好きなバンドのチケット
選択肢B　200ドル払って手に入れた良いバンドのチケット

たいていの人は、最初の筋書きでは大好きなバンドを、2番目の筋書きでは高いほうのチケットを選ぶ（気づいていた人もいるかもしれないけれど、これは実際に研究室で行なった実験の一部で、私の同業者が試した多くの筋書きのうちの2つだ）。

2つの筋書きの違いは、チケットを手に入れるのにあなたが何を費やしたかだけだ。最初の場合は時間、2番目ではお金だった。この種の実験で何が確かめられるかは、あなたにも想像がつくだろう。私たちは、わずかな時間の損失よりも、わずかなお金の損失のほうに敏感なのだ。私たちは、働いた時間が少なかったチケットを選ぶよりも、金額が小さいチケットを選ぶほうが、損失が大きいように感じる。あなたもおそらく、チケットを選んでいるときにそれを感じただろう。200ドルは無駄にするにはずいぶん大きい額だ、それに対して、15時間は、5時間と比べて、それほど多くはない、と。

行動の観点に立つと、このような選択をするのは必ずしも合理的ではない。それでも私たちがそうするのは、主に、お金のほうが測定しやすいからだ。たとえば、1万ドルの昇給の価値を計算するのはやさしい。一方、毎日30分ずつ余計に自由時間を積み重ねていったときの価値を見極めるのはもっと難しい。だから私たちは、確実にわかっている測定基準を自動的に選択するわけだ。

　簡単に言えば、私たちはお金の価値は把握できるけれど、時間の価値は把握しにくい。もし時間の価値が把握しやすかったなら、つまり、自分の時間にどれだけ価値があるかが簡単にわかったなら、タイム・リッチになる決定も下しやすいだろう。時間の価値を把握できれば、時間を重視する決定には、それにともなうかもしれない金銭的コストを上回る価値があると思いやすくなる。

　じつは私たちは、自分の時間の価値を把握するために、一歩踏み出すことができる。私は研究の一環として、人々が時間とそれがもたらす幸せに明確な価値を割り当てる方法をしっかり考える手助けをすることに、力を注いできた。[*58]

　時間の価値という、いくぶん漠然とした概念のために、明確な測定基準を生み出そうとしているのだ。私はこのような基準を打ち立てようと意欲を掻き立てられている。それは、測定がやさしいお金を向こうに回して、タイム・リッチになる決定を下すのがどれほど難しいかを承知しているからにほかならない。それに私は、会計や金融や投資銀行業務の経験をもつＭＢＡ（経営学修士）だらけのビジネススクールに勤務している。タイム・リッチとはどういうことかを彼らに理解させ、それを大切に思ってもらうには、彼らが理解できて大切に思う測定基準で表す必要がある。

新しい測定基準——ハピネス・ドル

私が考案した測定基準は本物のドルで表すものではなく、幸せの増加分を収入になぞらえるもので、それを「ハピネス・ドル」と呼びたい。私は**ハピネス・ドル**を、時間に関連した選択によって生み出される幸せの量を収入に換算したものと定義する。たとえば、自分の時間をタイム・リッチなかたちで使うような、ある決定を下すと、1万ドルの昇給から得られるのと同じだけの幸せを感じる。その選択をしたときには、それだけの額の収入を得たときと同じだけ幸せに感じるわけだ。

想像がつくと思うけれど、時間や幸せに明確な価値を割り当てるというのは一筋縄ではいかない。まず、働いている成人の代表的なサンプルを見つけ、どれだけの収入があり、どれだけ幸せで、どのように時間を費やしているかを尋ねなければならない。その調査で、人々がすでに実践している、望ましい時間の利用法を突き止める。たとえば、自然の中で時間を過ごす、お金よりも時間を大切にする、ハウスクリーニング業者を雇う、交通渋滞にはまり込んで過ごす時間を減らす、食事のような経験（つまり、本章の「ステップ3」で述べた良い活動）を楽しむことに費やす時間を増やす、といったことだ。私は回答者の答えに対して一連の統計分析を行ない、収入が幸福感に与える影響と、時間の使い方についての決定が幸福感に与える影響とを比較した。それから、その比較に基づいて、タイム・リッチな活動から人々が得る幸福感の増加分をドルに換算した。[*59]

これが複雑な作業であることは承知している。具体的な数値を使って説明しよう。もし年収5万ドルの人が1万ドル昇給すると、10点満点のスケールで幸福感が平均すると約0・5ポイント増すことが、調査からわかっている。[*60] 同様に、大嫌いな雑用や家事などを、お金を払って外注し始めると、10点満点のスケールで幸福感が約0・5ポイント増す。これら2つの数値を比べれば、外注するという決定が生み出す幸せの量をドルに換算できる。それは、年収5万ドルの人にとって、約1万ドルに相当する幸せということになる。[*61]

この換算が厳密なものではないことは認めざるを得ない。話を単純にするために、切りの良い数値に変えたし、計算は平均に基づいている。人によって受ける恩恵はもっと大きかったり小さかったりする。時間を重視するような選択をすること（あるいは、より多くのお金を稼ぐこと）から得られる幸福感の高まりの度合いは、負債の大小や月々の出費、収入などの要因次第で変わる。じつは、収入が少ない人のほうが、時間重視の選択をすることの利益が大きい。それは、物質的に困窮している人は、タイム・プアでもありがちだからだ[*62]。

たとえば、年収５万ドルの人にとって、通勤時間を減らしたり、ハウスクリーニング業者を雇ったりするために費やすお金の価値は、毎年の世帯収入を４万ドル近く増やすのに相当する幸せにつながりうる――もし、毎月最低でも１５０ドル使って嫌いな雑用や家事を外注すれば。年収12万５０００ドルの人が同じ選択をした場合には、その価値は１万６０００ドル弱になる。依然としてかなりの額だけれど、４万ドルよりはずっと少ない。

時間の価値を把握するための科学はまだ発展途上だけれど、この取り組みは、時間の価値をもっとリアルに感じられるようにするために応用し始めていいだろう。時間を重視するような選択と、それが生み出す幸福感に明確な価値を割り振るエクササイズをすれば、時間を手に入れるためにお金を手放すのが損失に感じられても、いつも本当にそうとはかぎらないことが、もっとわかりやすくなるだろう。時間への投資が、銀行口座から引かれる金額に相当する以上の幸福感の増大につながることもある。それも、あなたが考えているよりも頻繁に。そして、時間に投資するために、自分が考えている限度額以上を使ってもなお、それだけの価値がある場合も多い。それでは、タイム・リッチになるさまざまな活動に私が割り振ることができたハピネス・ドルの額を、いくつか見てみよう。

時間を大切にする――２２００ハピネス・ドル

世帯年収が5万ドルの場合、お金を大切にするマインドセットから時間を大切にするマインドセットへと切り替えると、年収が２２００ドル増えるのに相当する幸福感が得られる。これは２２００ハピネス・ドルだ。[*63] たとえ何一つ行動を変えなくても、（お金ではなく）時間こそが人生でいちばん重要な資源であることを自覚するだけでも、恩恵があるのだ。

味わう――３６００ハピネス・ドル

時間をかけて食事を味わうだけが物事を味わう方法ではない。あらゆる種類の日常経験を楽しめば、より大きな幸せにつながる。素晴らしい天気を楽しむ。公園でコンサートを聴く。子どもたちが通りで遊ぶのを眺めるのもいいだろう。

　物事を味わうのはマインドフルネスの一形態であり、それは、生産性や効率から自分を切り離して、今、ここに的を絞ることが求められるからだ。物事を味わうためには、「完璧な経験」を生み出そうとするのをやめ、良い経験を生み出そうとする必要もある。研究者は、完璧な経験を求める人を「**追求者**」、良い経験を求める人を「**満足者**」と呼ぶ[*64]。追求者は、どのレストランに行くかや、何を注文するか、その経験が期待していた水準に達するかどうかなどに気を遣う。それとは対照的に、満足者は、それがまさに正しい選択だったかどうかは気にかけずに、店や料理を選ぶ。それから、それが自分の望んでいたものかどうかは考えることなく、食事を味わう。私の計算では、追求者から満足者へと行動を切り替えることには、３６００ハピネス・ドルの価値がある。

外注する——1万8000ハピネス・ドル

　日常の雑用や家事を外注するのはつまらない出費だと感じる人が多い。自分でできることに、なぜわざわざお金を払わなければならないのか？　幸せになることの恩恵が、意外なまでに金銭的なコストを埋め合わせるから、というのが答えの１つだ。

自分がいちばん嫌いな家事（たとえば洗濯、料理、あるいは掃除）を毎月外注すると、1万8000ハピネス・ドルの価値がある。これは大きい。たとえば、あなたの年収が4万8000ドルだとしよう。アメリカのたいていの都市では、週に約100ドル、1年で約5200ドル払えば、誰かに食料品や雑貨を買ってきてもらい、収納場所にしまってもらえる（あなたが大嫌いなことだ）。これは、年収の11％に当たる。

5200ドルというのはおそらく、完全に法外に感じられるだろう。ところが、1万8000ハピネス・ドルという、生活の満足感の高まりを計算に入れると、この投資もそれほど過剰には思えない（**図表2-3**）。

そのうえ、この幸福感の増大には、新たに自由になった時間をもっと幸せなかたちで費やすことの効果は含まれていない。もし食料品と雑貨の買い物に毎週2時間かかるとすれば、1年に104時間、つまりまる4日以上も新たに自由時間が手に入り、それを、ボランティア活動や運動、人づき合い、趣味のような、幸せを生み出す活動に充てられる。[*65]

もちろん、この計算で肝心なのは、自分が嫌いな家事などを外注することだ。もし、料理をするのは好きだけれど、支度が面倒なら、ミールキットの定期配達サービスに投資するといい。掃除が好きなら、ルンバに床の埃を吸い取らせても、幸せが増しそ

図表2-3　ハピネス年収を算出する

年収	$４万8000
食料品・雑貨サービス	−$5200
差し引きの年収	$４万2800
幸福感の増大	h$1万8000
差し引きの年収＋ハピネス年収	h$6万800

（注：$ はドル、h$ はハピネス・ドルを表す）

うにはない。

　あなたは、抜け道を見つけたと思っているかもしれない。いちばん嫌いな家事を外注し、他の人が自由時間と幸せに的を絞っているのを尻目に、空いた時間に働いてお金を稼ぐというわけだ。さすがだ！　けれど、待った！　じつは、たとえ仕事が好きでも、平均以上長く働くと、幸せに皺寄せがくる。[*66]たとえ好きなことをして働いていたとしても、週に働く時間を8～10時間増やすと、幸福感が減り、それはマイナス２９００ハピネス・ドルに相当する。

お買い得品を探す――マイナス３３００ハピネス・ドル

　この章で私は、純粋に時間の観点に立ち、いちばん安いガソリンを探して車を乗り回すのはつまらない時間の使い方だと言った。では、どれほどつまらないのか？　私の計算では、自ら出かけていったり、インターネットで見て回ったりしてお買い得品を探すのは、たいてい、かかる時間に見合わない。

　それでも、誰もがそうする。オンラインショッピングをする消費者の10人に9人が、練り歯磨きのような安い品物を買うときにさえ、お買い得品を探す。[*67]消費者は、買い物をするときには毎回平均で32分間値段を調べてから、ようやく購入する。ガソリン

1ガロン当たりわずか数セント節約するために遠回りするし、ほんの数ドルしか節約できないかもしれないのに、店を回って品物の値段を比べる。そのせいで、1年に約3300ハピネス・ドルが失われる。

休暇——4400ハピネス・ドル

つまらない時間の使い方として群を抜いているのが、休暇の扱い方だ。私の調査では、アメリカの平均的な従業者は、毎年9日間、休暇をとることがわかった。もしアメリカ人が毎年あと8日間（合計で17日間）休暇をとったら、それは1年当たり4400ハピネス・ドルの増加となる。[*68] 働いている成人のほとんどは——有給休暇を与えることが義務づけられていないアメリカでさえ——2週間の有給休暇がある。今よりタイム・リッチで幸せになりたければ、とる権利のある有給休暇をとるだけでいいことが、このデータからわかる。

人づき合い——5800ハピネス・ドル以上

人間は社会的な生き物でありながら、現在増えつつある社会的断絶がどれほど高いコストをともなうか、ようやく理解し始めたところだ。

次のような筋書きを考えてほしい。あなたは週に何日かはコーヒーショップで仕事をしたい。近所に2軒のコーヒーショップがあり、自宅からの距離は同じぐらいだ。一方の店では誰にも話しかけられることはなく、1週間当たり、コーヒーとペストリーは20ドルで済む。もう一方では、店員と顔馴染みだし、友人たちとおしゃべりする機会もあるけれど、1週間当たり60ドル使うことになる。あなたは、自分の幸せのためにはどちらの店を選ぶだろう？

一見すると、最初の店のほうが良い選択肢に見える。払うお金は少ないし、おそらく仕事もはかどりそうだからだ。ところがこれは、時間よりもお金のほうが計算しやすい典型的な例になっている。実際には、打ち解けた会話が可能な休憩がとれる人のほうが、誰も話し相手がいないまま、独りで過ごしている人よりも、多くの仕事をやり遂げることができる。2軒目のコーヒーショップでのほうが費やすお金は多いけれど、あなたはもっと幸せで、その結果、生産性も高くなるだろう。だから、2軒目のコーヒーショップで働いたときに得られる幸福感は、1年当たり約5800ハピネス・ドルの価値がある。

これを計算すると、**図表2-4**のようになる。

あなたのハピネス・ドルにとって、人づき合いのもつ価値は、どれほど強調しても

図表2-4　幸福感を計算に入れる

静かなコーヒーショップ

飲食代	1年当たり −$ 1040
幸福感の増大	+h$ 0
差し引き	−$ 1040

打ち解けた会話が可能なコーヒーショップ

飲食代	1年当たり −$ 3120
幸福感の増大	+h$ 5800
差し引き	+h$ 2680

（注：$ はドル、h$ はハピネス・ドルを表す）

足りない。極端な話、（a）働き詰めで、愛する人や親しい人とまったく顔を合わせない状態から、（b）毎日友人や家族と時間を過ごす状態へと切り替えれば、世帯年収が10万8000ドル増えるのに匹敵するほどの幸福感の増大をもたらす。[*69] あなたが仕事しかしないで、年収が10万ドルなら、自分の時間をすべて人づき合いに費やす生活に切り替えると、年収が倍になったときと同じだけ、幸福感が増すだろう。

　これは途方もない数値だ。もちろん、現実的な例にはなっていない。私たちのほとんどは、たとえ本当に忙しくても、少なくともある程度の時間は家族や友人と過ごすし、すべての時間を働いて過ごしている人はほとんどいない。とはいえ、先ほどの計算は、自由時間がどれだけの価値をもちうるかを教えてくれるはずだ。

能動的な余暇——1800ハピネス・ドル

　能動的な余暇も利益をもたらす。運動やボランティア活動のような能動的な余暇に毎日30分多く時間を費やすと、1年当たり約1800ハピネス・ドルの価値がある（テレビを観たり、何もしなかったりといった受動的な余暇でさえ、約1000ハピネス・ドルという、それなりの幸福感の増大をもたらす）。

　健全で幸せな関係にあるパートナーと暮らすのは、2万7000ハピネス・ドルの価値がある。これまた、社会の中での人間関係を優先する理由になる。カップルがいっしょに過ごせる時間を増やしてくれるハウスクリーニングのような贈り物は、モノの贈り物よりもはるかに大幅に幸福感を強める。私の計算では、パートナーのために時間を買うことによる幸福感の増大は、１年当たりで４０００ハピネス・ドルに相当する。

時間のバランスシートでの価値を把握する

これは繰り返すだけの価値があるので言うけれど、どれだけ幸福感が増すかは、あなたの年収や金銭的なニーズ次第で変わってくる。とはいえ、誰にとっても、タイム・リッチになる活動は、年収が何千ドルも増えるのに匹敵するほどの幸福感の増大をもたらすことが多い。

年収５万ドルの人に関して、すでに述べた活動のいくつかを含むバランスシートを、ここで見てみよう。こうした単純な戦略が、１年当たり２万７５００ハピネス・ドルもの幸福感の増大をもたらすことが見込まれる（**図表2-5**）。この人は、これらのタ

図表2-5　タイム・スマートな戦略で年収が増える

年収		$ 5万
お金から時間へとマインドセットを切り替える		+h$ 2200
8日間余計に休暇をとる		+h$ 4000
満足者として食事を味わう		+h$ 1800
毎日30分間、能動的な余暇を過ごす		+h$ 3600
いちばん嫌いな雑用や家事を外注する		+h$ 1万2800
自由時間の使い方のプランを立てる		+h$ 3100
合計	1年当たり	+h$ 2万7500

（注：$ はドル、h$ はハピネス・ドルを表す）

イム・スマートな戦略をすべて採用すれば、55％の昇給から生じるだろうものと同じだけの幸せを感じることになる。

＊　＊　＊

ハピネス・ドルを割り振る目的は、正確に価値を把握することではなく、価値を把握するプロセスに取り組むこと自体だ。価値を把握できれば、自分の時間が、思っているよりもどれだけ大切かや、今よりどれだけ多くのお金を時間に費やすべきかが明らかになる。

ところが、あなたは今でさえなお、そんなはずがないと説得しようとしている自分の脳と闘っている可能性が高い。30分間の人づき合いに相当する価値は、3600ドル分の紙幣のように、手でもつことができない。タイム・スマートな生き方へは、ある程度まで自分を信じて思い切って飛び込むしかないけれど、そうするだけの価値はある。そこには、より大きな幸せがあって、あなたを待っている。あなたは、それを捉える習慣を身につけるだけでいいのだ。

それを、次の第3章でやってみよう。

第2章のツールキット

第2章では、私はあなたに、たいていどんなふうに時間を使うかをじっくり考え、最も望ましい経験と最も望ましくない経験を突き止めるようにお願いしました。あなたは、よりタイム・リッチになるための3つの戦略も学びました。時間を見つけること、時間に投資すること、時間の捉え方を変えること、の3つです。

このあとのエクササイズをやれば、あなたは自分の日々の経験についていっそう深く考え、自分の生活で自由時間を見つけてそれに投資する方法を思いつくでしょう。

時間の追跡（タイム・トラッキング）

このエクササイズでは、「典型的な火曜日」のワークシートを使い、典型的な仕事日に自分がやり遂げた主な活動を書き出します。それからそれらの活動を「典型的な火曜日」のマトリックスにプロットします。この2枚目のワークシートは、時間に投資できる領域や、ストレスが多い活動や非生産的な活動を最小化することで時間を見つけられる領域を浮かび上がらせるようにデザインされています。

タイム・リッチになるための3つの活動

時間を使う典型的な活動についてじっくり考えたら、時間を見つける、時間に投資する、時間の捉え方を変えるという、タイム・リッチになるための3つの戦略を、ぜひ試してみましょう。

●時間を見つける

このエクササイズでは、時間を使うあなたの活動のうちで、最も望ましくなく、非生産的なものを取り除いたり、それらの活動（たとえば通勤）をもっと望ましくて生産的なものにするために、幸せな活動（たとえば音楽鑑賞）を取り入れたりします。

●時間に投資する

このエクササイズでは、幸福感を強めないモノの購入に費やしている可処分所得を、時間を節約できる買い物に割り振ります。

●時間の捉え方を変える

このエクササイズでは、通勤や仕事などの望ましくない活動を、望ましいかたちで捉え直します。たとえば、通勤を「休憩」と考えてみる、というように。

「典型的な火曜日」のワークシート

図表2-6の例を参考にして、**図表2-7**、**図表2-8**、**図表2-9**のワークシートを使い、典型的な火曜日にやる活動を書き出してください。火曜日でなくてもかまいませんが、仕事日を選ぶといいでしょう。あなたが最も大きなストレスを経験する可能性が高いからです。

多くても少なくてもかまいませんから、好きなだけ活動を書き込んでください。けれど、ワークシートのそれぞれの時間帯にやる、主な活動は漏れなく書き出しましょう。1つの時間帯につき、平均すると3～5の活動というのが典型的かもしれません。

自分の活動について、さらにつけ加えたいことがあれば、それも記録してかまいません。たとえば、時間に関連した決定、あるいはお金に関連した決定（もっと残業をするという決定や、早退する決定など）がともなっている活動に、マーカーで印をつけるといいかもしれません。

図表2-6 **ワークシートの記入例**

	活動	典型的な経験	理由
1	目が覚めると、まず、好きな音楽をかけ、パートナーの猫のオリーと自分たちの仕事部屋に座り(オリーは下の道路を行き交う車を眺めるのが好きだ)、深《ふか》煎《い》りコーヒーを1杯飲む	望ましい経験 (楽しい)	やって楽しめることだから リラックスできるから
2	カフェインが効いてきたら、1〜2時間、休みなく執筆する	望ましい経験 (有意義)	朝はいちばん頭が冴えているので、いろいろな会議の前に1〜2時間執筆するようにしているから。1〜2時間、生産的な時間がとれないと、機嫌が悪くなるから
3	それからオフィスに出かける。朝9時半か10時頃に車で通勤する。だから、ラッシュアワーの渋滞に巻き込まれる	望ましくない経験 (ストレスが多い)	自分の時間を無駄にしているように感じて、ストレスが多く、イライラするから

図表2-7 **ワークシート［午前：目覚めてから12時頃まで］**

	活動	典型的な経験	理由
1			
2			
3			
4			
5			
6			

図表2-8　ワークシート［午後：12時頃から5時頃まで］

	活動	典型的な経験	理由
1			
2			
3			
4			
5			
6			

図表2-9　ワークシート［夕方以降：5時頃から寝るまで］

	活動	典型的な経験	理由
1			
2			
3			
4			
5			
6			

「典型的な火曜日」のマトリックス

このエクササイズでは、これまでのワークシートで書き出した活動を、**図表2-10**、**図表2-11**、**図表2-12**のマトリックスに書き込みます。マトリックスの望ましい側に入る活動については、たんに楽しいだけではなく、有意義なものや目的のあるものには星印かチェックマークをつけましょう。つまり、テレビを観るのは望ましいかもしれませんけれど、この活動は目的を欠いていたり、あなたにとってほとんど意義がなかったりするかもしれません。午前、午後、夕方以降のそれぞれに1つずつマトリックスを用意しておきました。

どの活動が非生産的でストレスが多いか、どの活動が楽しいけれど有意義でないか、じっくり検討したら、今度は、本文中で説明した、もっとタイム・リッチで幸せになるための戦略を使って、それらの活動のいくつかを、やめたり変えたりすることを考えてみましょう。

図表2-10　**午前の活動のマトリックス**

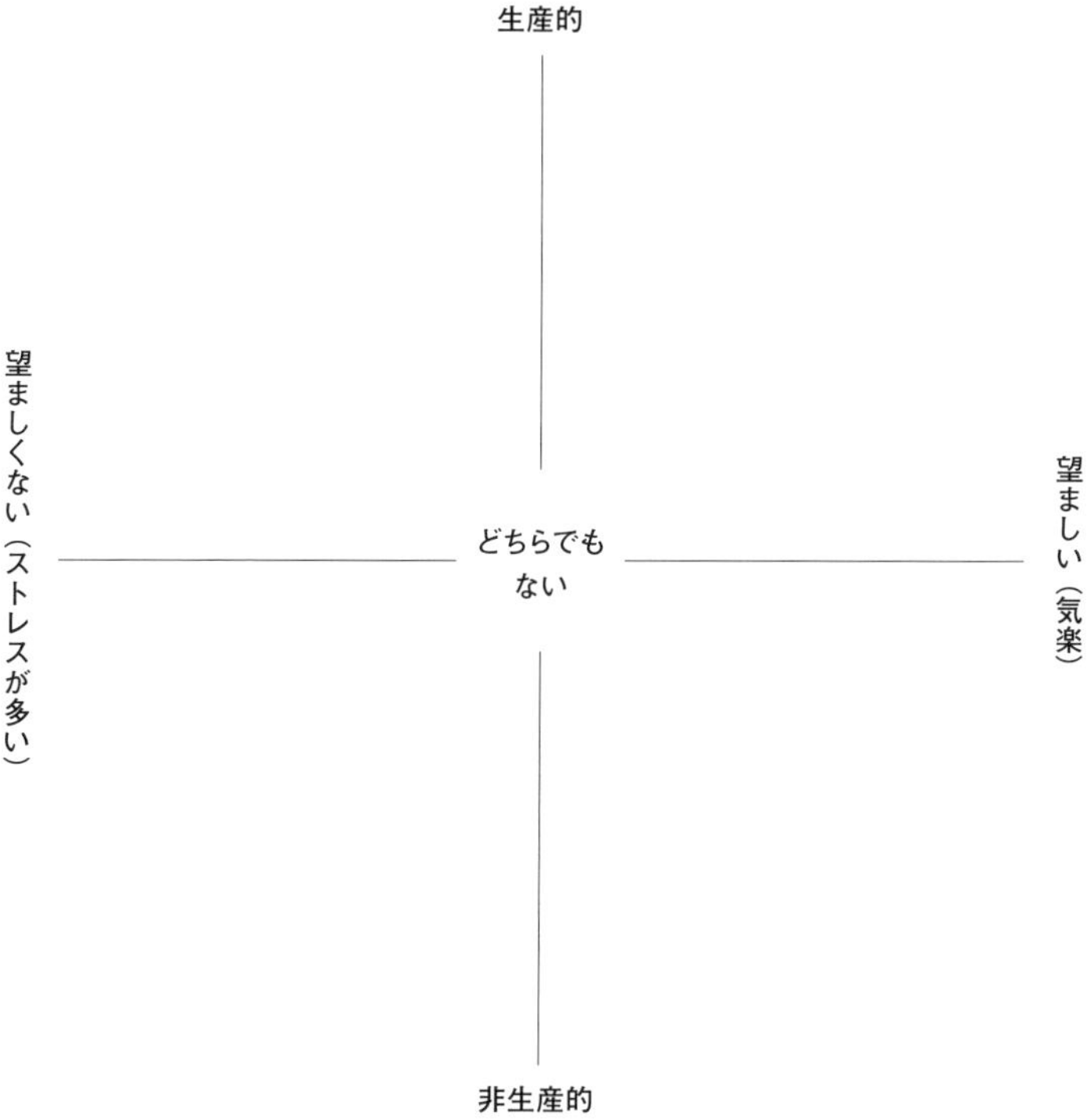

図表2-11　午後の活動のマトリックス

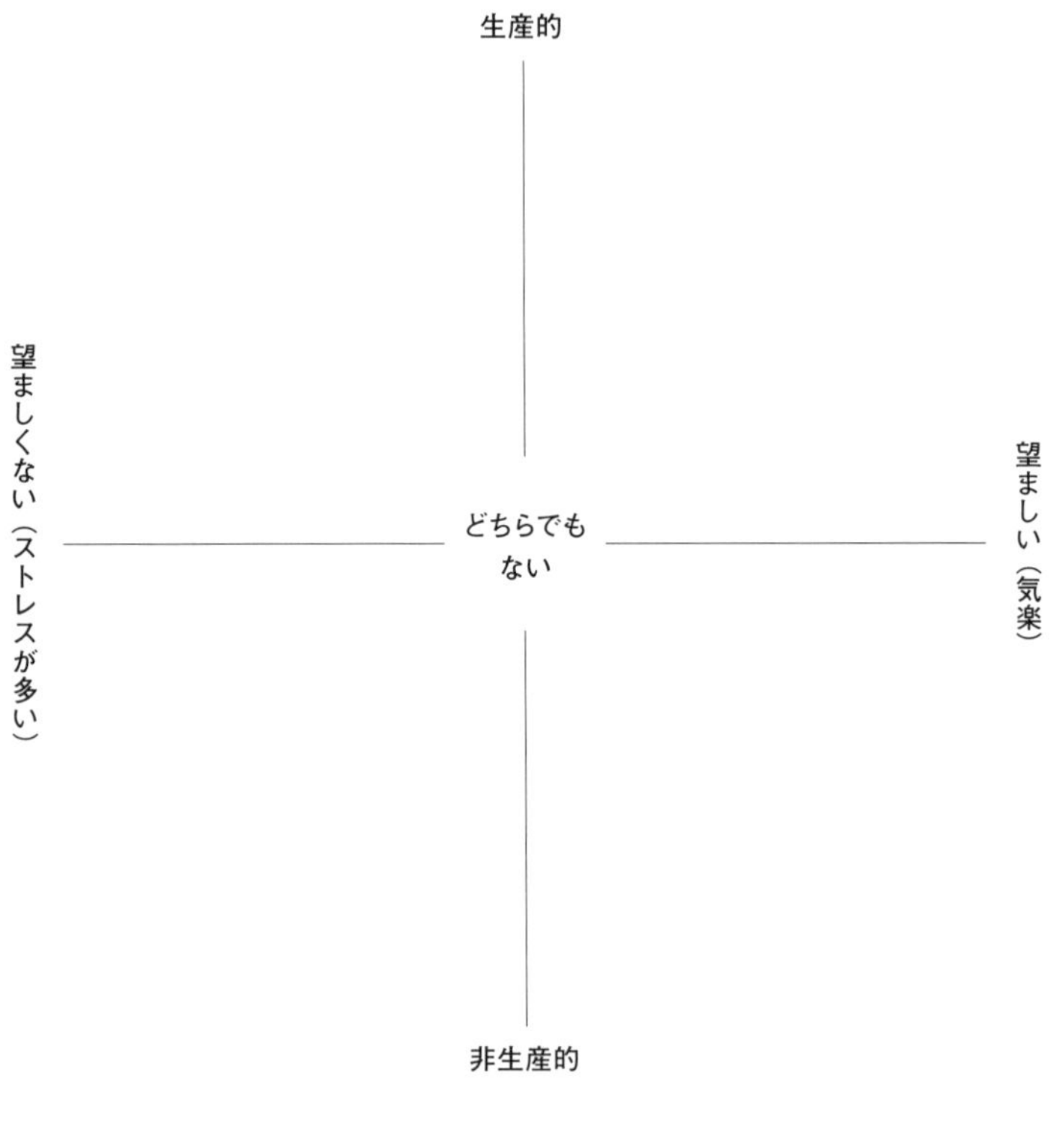

図表2-12 夕方以降の活動のマトリックス

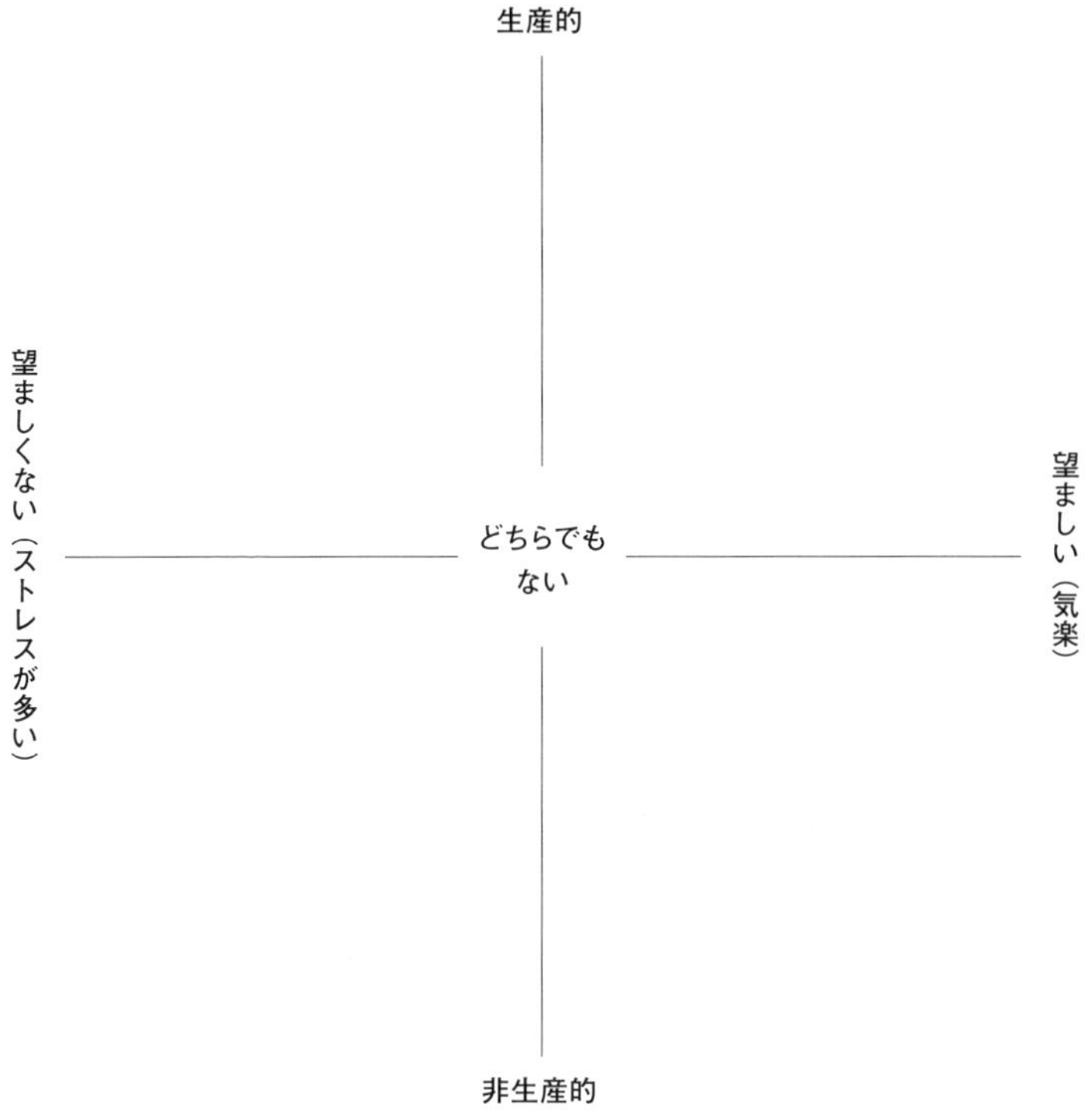

「もし時間があったら」リスト

時間を見つけるための戦略を使いたければ、次のような活動をあなたの1日に加えることを考えるといいでしょう。どれも、あなたをよりタイム・リッチで幸せにすることがわかっているものです。

もし5分あったら

- 済ませなくてはならない小さな用事をリストアップして、片づけ始める
- 自分にとって大切だけれど、しばらく話していなかった人に、メッセージを送る
- 有給休暇が残っているかどうかチェックする

もし10分あったら

- リラックスできる自然の動画をインターネットで観る
- 同僚や家族、友人に、感謝のメールを送る
- 日記を書く。日記をつけていると、幸福感が増す

もし30分あったら

- 自然の中を散歩しに出かける

- 何か創造的なことをする（絵を描く、ものを書く、宝飾品をつくる、編み物をする）
- 本を読む（空港での検査待ちの列に並びながら、スマホで読書する）
- 瞑想したり、オンラインのレジリエンス・トレーニングをしたりする（たとえば、「Happify（ハピファイ）」といったアプリを使って）
- 短時間のジョギングに出る（15〜30分）

もし午後が空いていたら

- 何か新しいことを学ぶ（学習は幸福感を高める）
- 地域社会の中で人助けに時間を費やす
- 次の休暇のプランを立てる（望ましい活動は、プランを立てるだけでも幸福感を増大させられる）

時間の捉え方を変えるワークシート

あなたは、抜け出す方法が見つからなかったり、投資で解消できなかったりする活動に時間を奪われ、うんざりしていることもあるでしょうけれど、そうした活動にも、意外な価値があるかもしれません。時間の捉え方を変えると、そんな活動への好感が

図表2-13　**時間の捉え方を変えるワークシート**

時間のかかる、望ましくない活動は……	……けれど、何かしらの価値を提供してくれる。たとえば……

増します。たとえ、その活動から抜け出せないときにも。嫌いなのにやらなくてはならない活動をあげ、その活動に費やす時間から何かしら価値を引き出す方法を考え、前ページの**図表2-13**に書き出してみましょう。たとえば、この章で述べたように、仕事のうちで身体的にきつい作業は、日々のトレーニングというふうに捉え直すことができます。

第3章

The Time-Affluence Habit

タイム・リッチになる習慣

時間は「貨幣」、ただ把握は難しく、簡単に無視される

さあ、ここからが正念場だ。

タイム・プアの解決法は単純だけれど、いざ、それを実行に移すとなると、話は別だ。前の章であげたような、時間についての日々の小さな決定を、あなたは習慣にできるだろうか？　ダイエットと同じで、何をするべきかを知るのは比較的やさしいものの、それを実行するのははるかに難しい。そして、毎日やるのは、困難を極める。

時間中心の決定を下すべきだとわかっているときにさえ、お金の魅力を振り払うのは驚くほど難しい。私が行なったある調査では、お金よりも時間を大切にしていると答えた人々も、お金を払って雑用や家事を外注したり、乗り換えのある安いフライトではなく、もっと高い直行便を選んだり、家族ともっと時間を過ごすために昇進を辞退したりする可能性は、依然としてとても低かった。実際、こうしたテイラー型の人々は、約5％のケースでしか時間中心の決定を下さなかった。[*1]

あえて繰り返すけれど、時間を大切にする人のほうが、お金を大切にする人よりも、幸せで、健康で、生産性が高いことを、調査がはっきり示している。[*2]それなのに私たちは、相変わらずお金を重視する。それは、自分の時間の価値を過小評価し、今より

も明日のほうがもっと時間が手に入ると自分に言い聞かせ（実際には手に入らない）、日々の用件をこなすのにかかる時間を過小評価するからだ。どうしても、そうしてしまう。私たちは絶えず理性に背《そむ》いている。

それはなぜか？　何をするのが正しいかを教えてくれる証拠――正真正銘のデータ――があるというのに、なぜその正しいことをするのが、これほど難しいのか？

ダイエットしている人なら誰もが、その苦労を語ってくれるだろう。糖分は良くないけれど、魅惑的だ。運動は身体に良いけれど、やる気になるのは難しい。身体を動かして汗をかくべきなのはわかっていても、ただのんびりしていたい。なにしろ、疲れているし、スポーツジムはかなり遠いから。脳のさまざまな部分が、私たちに美徳よりも悪徳を選ばせる。良くないことをやるように命じるメッセージが、私たちに雨あられと降り注ぐ。だから楽ではない。

そして、時間とお金についても同じだ。私たちの頭にとって、お金は必需品であり、私たちの注意を奪う。それに引き換え、時間は把握するのが難しくて簡単に無視されてしまう「貨幣」だ。

お金に対する執着は、私たちがどのように進化してきたかに、しっかりと根差している。[*3]成功を収め、繁栄した私たちの初期の祖先は、交易の仕方を学んだ。それから彼らは貨幣を発明し、このツールのおかげで、効率的な取引が促進され、人間は数を増やすことができた。[*4] 私たちは、財政状態について考え、心配し、それを注意深く追跡《トラッキング》するように、生まれつきできている。人類の成功はずっと、モノとお金を手に入れて活用することにかかっていたからだ。[*5] お金を麻薬とまで呼ぶ研究者さえこれまでにいた。身体への作用が、天然物質や化学物質が血流の中で引き起こす作用に似ているからだ。[*6]

　人々はお金を追い求めているときには、感情的で一見すると不合理な決定を下す。たとえば、インドでは高額の紙幣が廃止されたとき、大勢の人が暴動を起こした。[*7] そのうえ、友情という、人間が最も必要とするものも、金銭的な境遇に不平等があったり、お金の使い方が良くないと思われたりしたときには、引き裂かれる。[*8] お金を扱ったあとは、6歳の子どもでさえ、他人に手を差し伸べる機会を無視する。ある研究では、幼い子どもたちは、実験者にクレヨンを持ってきてくれるように頼まれても、持ってくる本数が減り、お金のために色を塗ることにかける時間が増えた。[*9]

　お金のもつ麻薬のような特性を前にすると、とうてい時間を大切にはできないらしい。それでも、時間をもっと重要な貨幣として見られるようになる方法はある。実際、時間は重要な貨幣だし、他の何にもまして、幸福感に影響を与える資源であることに、私たちは気づくことができるのだ。

日常生活で時間を価値ある資源にするために

この第3章と次の第4章では、これまでの章で説明した良い習慣を自分のものにし、タイム・リッチになるために実践できる体制をつくり上げるようになっている。そして、時間を本来の、貴重で価値ある資源として扱うにあたって、知識を実行に移すのに役立つ戦略が用意されている。

タイム・リッチなマインドセットを定着させるためには、次の3つのステップを踏む。

①時間は少なくともお金と同じぐらい重要であることを自分に納得させる[*10]
②大切な決定を下す場面になったら、自分の価値観を思い出す[*11]
③何日、何週、何カ月、何年にもわたって以前より多くの時間を手に入れられるような、周到で戦略的な決定を下す[*12]

これらのステップのそれぞれを実行するためには、2つの活動を拠りどころとする。どちらも、あなたのタイム・リッチな生活の一部となるだろう。

①自分が何をしているか、そして、なぜそうしているかについての自覚を生み出すための**内省**。これは簡単そうに見える。考えるだけだからだ。ところが、行動科学者なら誰もが指摘できるように、私たち人間は自分の思考をエッシャーの騙《だま》し絵のように歪めて、不快な事実や受け入れ難い事実を避けることができる。だから、内省は意図的で正直なものでなくてはならない。

②タイム・リッチになるための自分の希望や観察、計算、プランの記録を残すための**文書化**。多くの調査が裏づけているように、物事を書き留めることには効果があり、ここでもそれが欠かせない。なぜなら、さまざまな力が共謀して、あなたにお金を重視させようとしているからだ。[*13]

このあと、これらのステップに基づいた具体的な戦略を、タイム・スマートな体制をつくり上げるためのエクササイズとともに紹介する。

戦略1　なぜかを問う

あなたはスマホでキャンディークラッシュなどのゲームをしたりして、どれだけの時間を過ごしているだろうか？　たぶん把握していないだろうけれど、それは暇潰しをしているうちに癖になった活動だ。私の場合はインスタグラムをスクロールする。重要だけれど緊急ではない仕事を先延ばしにしているときに、よくそうする。私のパートナーもスマホでゲームをしているところを目にするので、注意する。すると、知らないうちにやっていた、と言う。正直に認めると、私も知らないうちにやっている。こうして2人とも、たわいもないことをして画面を見詰めながら、厖大な時間を無駄にしてきた。

私たちの誰もが、そうした癖をもっている。あまり考えることもなく、ついやってしまう活動だ。悪いことではない。不安やストレスから気を逸らせば、元気が回復する。ときおり甘いおやつを食べるのと同じようなものだ。[*14]　ところが、「ときおり」が癖になると、その活動は時間の浪費を招く不健全なものに変わり、人とのつながりや、もっと良い、タイム・リッチな活動から私たちを切り離してしまう。[*15]

端的に理由を問う

悪癖を打ち負かす方法の1つは、**端的に理由を問う**ことだ。なぜ私はこれをやっているのか？ と。

意図的にやってほしい。自分に向かって声に出して言うと、より効果的かもしれない。他の問いも続けて投げかけよう。私は何をやり遂げることを願っているのか？ これをやれば、私の1日の価値が本当に増すのか？ そして、これが何より大切だ。この時間をもっとやり甲斐のあることに使えないか？

できるかぎり正直に答えてもらいたい。自分と、自分の時間について、とことん考えてほしい。そして、未来についても考えるといい。ある活動のおかげで今この瞬間は幸せだったとしても、あなたは未来の時間と引き換えにしているのではないか？ 今、先延ばしにしているせいで、やがてもっとストレスを感じることがわかっているというのに。糖分のようなものだと思ってみてはどうだろう。今は素晴らしく美味しいけれど、毎日朝食にチョコレートを食べていたら、あとで幸せにはなれないだろう。お腹が痛くなり、虫歯ができ、太ってしまうから。

端的な理由のメモ、削除リスト、代替リストを作成

　あなたが不安やストレスから本当に切り離されたり、その活動を心底から楽しんだりできることを、あなたの答えが示していたら、そのときにはそれをしばらく続けてもかまわない。キャンディークラッシュの腕を上げたり、友人の赤ん坊が見せた愛らしい仕草の最新画像をインターネットで眺めたりするのを楽しむといい。それでも、それにどれだけの時間をかけたら他の用件に進むのが適切かを書き留めておくと役に立つ。参考までに、「**端的な理由のメモ**」の例（**図表3-1**）を紹介しよう。

　今していることをなぜやっているのかについて考えるように自分を促すことがあったとしたら、それは時間を賢く使っていないと心の奥底で感じているからであることが多い。自動的に再生が始まったからという理由で、好きなテレビ番組（再放送）の次の回を観ていたり、くだらないYouTube（ユーチューブ）の動画を次から次へと果てしなくクリックしていたり、犬の頭と鳥の胴体を合成した写真のウェブサイト（本当にある）をスクロールしていたりする自分に、あなたははっと気づくことがあるかもしれない。

　端的な理由の問いに対するあなたの答えが、「ただの暇潰し」や「たいした理由もなく」だったり、重大な危険信号となる、「わからない」だったりしたら、やってい

図表3-1　端的な理由のメモ

いつ	火曜日、午前9時45分
何	インスタグラムをスクロールする
なぜ	10時にストレスの多い会議があり、しばらくそれについて考えないでいるため
続けるべきか?	イエス。ただし5分以内にやめる。それから会議の準備をする

ることをすぐやめよう。その活動を書き留め、**削除リスト**に加える。

やがてこのリストは、あなたが陥りがちなタイム・プアな活動を突き止めるのに役立ち、なぜそれに陥るのかを明らかにしてくれるかもしれない。一例として、ある友人の**削除リスト**の一部（**図表3-2**）を見てもらおう。

友人は、端的な理由の問いを通して自分の暇潰しの活動に気づいた。そして、そこから明らかなパターンが見えてきた。スケジュールが入っている時間の前後を、ろくに考えもせずにこうした活動で埋めていたのだ。だから、時間をもっとうまく使う活動を加えたらいい。そして、加える活動は、次のような**代替リスト**（**図表3-3**）から引き出せる。

ろくに考えもしないで選んだ活動に、いつ、なぜ耽るかを知れば、それをもっと幸せな時間に置き換えやすくなる。疲れているときに暇潰しをするのなら、代わりに仮眠をとるといい。ストレスが原因だったら、予定表を見ながら、生産的な活動や楽しい活動のプランを立てるためにその時間を使おう。あなたは寂しいからその活動をするのだろうか？　それならば、フェイスブックのページを受動的にスクロールする――皮肉にも、そうすると孤独感が増すばかりだ――代わりに、友人や家族に携帯メールを送ったり、電話をかけたり、会いに行ったりしよう。[*16]

図表3-2 **削除リスト**

会議前のスマホゲーム
ランチの前後のネットサーフィン
朝、Spotify（スポティファイ）の プレイリストに目を通し、選ぶ

図表3-3 **代替リスト**

会議前のスマホゲーム	→代案	同僚たちと言葉を交わす
ランチの前後のネットサーフィン	→代案	ランチの前に15分間散歩する 食後は何もしない
朝、Spotify（スポティファイ）の プレイリストに目を通し、選ぶ	→代案	出かける Spotifyにプレイリストを選ばせる

最後に、何をやめて、代わりに何をするかを考えているときには、あなたの人づき合いや仕事の仕方の好みに合ったかたちで、活動を加えたりやめたりすることが大切だ。驚くまでもないけれど、外向的な人は人づき合い（たとえば、外食）に多くの時間を費やしたほうが幸せに感じ、内向的な人は内省的な活動（たとえば、読書や日記を書くこと）に費やす時間が増えると幸福感が増す。[*17]

戦略2　ゆとり時間を許す（あるいは、予定する）

人は時間を見つけてそれに投資するように努力し始めると、つまらない時間を有意義な時間で置き換えることに熱を上げ過ぎて、タイム・リッチな活動でスケジュールを埋め尽くしてしまいがちなことを、私は発見した。

私の友人で、じつにエネルギッシュで行動的なコニーは、幸せの科学をかじり、わずかな時間も無駄にしないように、余暇の細部までスケジュールを立てるようになった。土曜日には朝6時に起き、新しい料理のレシピを試し、オーブンで加熱している間にジョギングに出かけ、友人を招いてその料理を試食してもらう。午後も散歩、ボランティア活動、読書、ポッドキャストと、スケジュールはびっしりで、しかも、行なう場所は町のあちこちに散らばっている。彼女のソーシャルメディアの投稿を見ているだけで、私はくたくたになってしまう。

私はたしかに、より多くの時間を能動的で楽しいかたちで過ごすことを提唱しているものの、土曜日の午前中は、いつも駆けずり回って過ごす羽目になるほど多くの活動を加えるように勧めているわけではない。実際、個人的な約束（そして仕事上の約束）を続けざまに予定すると、あまり楽しめない。[*18] まるで義務のように感じられてきて、スケジュールを守ろうとするとストレスが増す。余暇の活動をカレンダーに書き入れるだけでも、楽しみが減ってしまう。[*19] 近所の人と1杯やりながら楽しむ代わりに、相手の話にもろくに耳を傾けず、次の予定に間に合うように電車に乗れるかどうかを気にする。今の瞬間から自分を引き抜いて、未来に投げ込み、次にやることに思いが行き、目の前の時間を盗まれる。[*20]

これを防ぐ方法の1つは、**ゆとり時間**を許すことだ。いや、予定しておけばなおいい。ゆとり時間というのは、約束と約束との間に残された時間の余裕で、スケジュールのずれの調整時間や休憩時間として使うことができる。研究者の中には、**ラフなスケジューリング**を提唱する人もいる。この方法では、午後7時に友人たちと会う、というように時間を決めず、代わりに、「仕事のあと」に会う、というふうに予定する。あるいは、「午前8時から10時まで」ではなく、「土曜日の朝のうちに」ガーデニングをやる、というふうに予定する。

　ゆとり時間があれば、予定をすべて必ず実行するというストレスがなくなり、おおらかな気分になれる。おおらかさは大切だ。なぜなら、効率を求め過ぎると、望ましくない結果につながるからだ。たとえば、あまりに効率的な会話は、面白さが薄れる。[*21]それに、効率を優先させると、私たちは**弱い紐帯**《ちゅうたい》をもつ人と結びつく機会を逃しやすくなる。弱い紐帯をもつ人というのは、社会的なつながりが弱い人々だけれど、創造的なアイデアや新しい機会をもたらしてくれる可能性が高い。[*22]

　私が面接したマイケルという人は、やたらにストレスの多い仕事から解放されるために数日間の有給休暇をとったとき、いつものパターンを崩し、仕事関連の電話が入り込んでこないようにし、報告書にも取り組まず、買い物のような日常的な活動も極端に効率的にやろうとはしなかった。その代わりに、自分の時間をゆったりと使うことだけを考えた。1日は食料品や雑貨を気楽に買って回り（彼は買い物が好きだ）、途中で出くわした知人とおしゃべりをするという、タイム・リッチな活動をした。そのおしゃべりが、自分に打ってつけと思える役職での新しい仕事を得る機会につながった。

もしマイケルがいつものように極端に効率的で、さっさと買い物を済ませて次の仕事関連の用件に取りかかろうとしていたら、その会話はなかっただろう。この幸運に巡り合えたのは、ゆとり時間を進んで活用して楽しむ気になっていたおかげだと、マイケルは語った。

戦略3　自分のカレンダー・マインドセットを知る

正真正銘のラフなスケジューリングは万人向けではない。私のような真面目人間が「仕事のあとで会おう」と言われると、不安レベルが上がる。そんな曖昧なプランなど、どうしてありうるのか？　これでは、仕事のあと、友人たちとけっして集まれない可能性が出てきはしないか？　率直に言えば、出てくる。けれど、それでもかまわないかもしれない。おおざっぱにスケジュールを立てたプランを実行しそこなっても、びっしりとスケジュールを立てたプランのすべてで、必ず完璧に時間を守るようにすることほど、ストレスにはならない。たとえ、「仕事のあとで」のようなおおざっぱなスケジュールは立てる気がしなくても、自分がしているさまざまな活動の前後に、予備の時間を組み込むようにしよう。もし仕事が3時に終わり、友人と会う場所から30分の所にいるのなら、会う時間を4時半に設定し、3時からその時間までは、何も予定しないようにするといい。

あなたはクロック・タイム？　それともイベント・タイム？

どれだけのゆとり時間を予定すればいいか、まだ迷っていたら、自分の**カレンダー・マインドセット**を活用して決めることができる。

カレンダー・マインドセットには2種類ある。

①時計時間《クロック・タイム》型人間
②事象時間《イベント・タイム》型人間

（この章の最後のツールキットにある質問表を使えば、自分のカレンダー・マインドセットを判別できる）

クロック・タイム型人間は1日の時間、つまり時計《クロック》によって定められたスケジュールを使う。[*23] 彼らは、それが「ふさわしい」ことのように感じられるからというだけでは、次の活動に移りはしない。その代わり、今は1時半で、やることになっている時間だからという理由で、次の活動を始める。彼らは決まりきった手順を守り、仕事や余暇のために、時間に基づく目標を設定する可能性が高い（毎朝5時から6時まで運動をする）。電話やディナーデートもくわしいプランを立てる（予約は8時15分。その前の7時40分にバーで会って、飲み物を1杯飲む）。

それに対して**イベント・タイム型人間**は、事象《イベント》の流れに任せる。会う約束はしても、どれだけの時間になるかは成り行きに任せる。予定した時間とは関係なく、15分で終わることもあれば、90分続くこともある。彼らは1時半には電話をかけてこない。「ランチが終わったら」かける。予約をすることには無頓着で、「土曜日の晩に会ってディナーを食べよう」とか「仕事が片づいたら、歩いて帰ろう」とか言う。

ほとんどの人は、どちらのやり方もできる。ありがたい話だ。そうでなければ、職場は崩壊するだろうから。[*24] とはいえ、誰もが一方の型をデフォルト設定としているから、個人的なプランニングのときには、そのデフォルトのカレンダー・マインドセットにどんな影響を受けているかを注意深く考え、自分が時間の価値とタイム・リッチである度合いを把握しているかどうかや、どのように把握しているかを見詰めてみる必要がある。[*25]

ゆとり時間を計画するか、時間の浪費を抑えるか

自分のカレンダー・マインドセットに合うかたちで活動の予定を立てれば、心地良く感じられ、プランどおりにやり遂げる可能性が高まる。クロック・タイム型人間のマリアは、余暇の予定をどのように立てるかを説明してくれた。

「私は幸福感を目いっぱい得られるように、余暇のプランを立て、トラッキングするのが大好きです。始めたのは14年前（長男が生まれたあと）で、今もやっています。やらないところは、想像もできません。時間をトラッキングすることで、これまでずっと、家族も私も、中断されずにディナーを食べたり、車で旅したりでき、テレビを観る時間を最小限に抑えてこられました。浮いた時間で、庭の（テレビのない）小屋で美術工芸品を完成させます。やっていることをトラッキングしているおかげで、くだらない活動を何気なくやったりせずに済みます」

あなたもクロック・タイム型人間なら、マリアの言葉はいちいちもっともに聞こえるだろう。きちんと時間の区切りがついているといちばん幸せで、ゆとり時間も含めて、タイム・リッチな活動をすべて1日の中に予定しておく（ただし、予定を立てると

きにはやり過ぎないこと)。

ところが、イベント・タイム型人間にとっては、マリアのクロック・タイム型の取り組み方は、ほとんど自己矛盾のように思える(余暇のスケジュールを決めるという発想自体が、おかしいではないか?)。イベント・タイム型人間のトロイは、余暇のプランをどう立てていたかを説明してくれた。

「私にとってそれは、自分の時間の使い方に関してもっと『責任をもつ』ためや『無駄を減らす』ために、無理やり時間を制限することではありませんでした。罪悪感もストレスもなしに自分の時間をどうやって過ごすかを理解することでした。スマホの画面をスクロールしたりテレビを観たりするのにかけていた時間を毎週5時間近く減らし、月に20時間も節約することができました。わざわざそれを書き留める必要もありませんでした。自覚だけで十分で、自然で楽に思えるかたちで[時間の]浪費を抑えられたのです。それからその時間を、自分にとって重要なこと——自分の目標や家族の目標——と、自分の幸せ全般にとって重要な活動に注ぎ込むことができました。その20時間がたちまち積み重なって、オートバイの乗り方を覚えるのに必要な時間が得られました。前からずっとやりたかったのですが、どうしても時間がないように思っていたんです！　自分の時間を前より効率的に使えるようになると、幸福感が全体として増し、毎週時間が節約でき、喜びを感じられないことに時間をかけるストレスも減りました」

タイム・リッチになるために、どちらか一方の取り組み方が優るということはなく、自分のマインドセットに合っているほうが良いシステムなのだ。どちらの場合にも、自分なりに最善のかたちで立てたプランをやり通す必要がある。それがクロック型のプランか、イベント型のプランかは関係ない。自分の型を知り、どう取り組むかのプランをさっそく立てよう（あるいは、おおまかに考えてみよう）。

戦略4　意図をもつ

意図をもつというのは計画的な行動であり、時間をどう使っているかを自分に考えさせ、望ましいかたちで時間を使うように仕向けることだ。ある意味で、削除リストと代替リストは意図の表れであり、この本を読むという選択にしても同じだ。

意図は、私たちの時間を奪い去る日常の行動と結びつけられたとき、強力になる。たとえば、もっと多くの本を楽しみたければ、オーディオブックを聴くというふうに自分の意図を表明することもできる。とはいえ、通勤時間を使ってオーディオブックを聴くと言ったほうが、なおいい。そうすれば、時間を見つけて、タイム・プアな活動を、タイム・リッチな活動をする意図で置き換えたことになるからだ。もし本を書き始めたければ、毎週3回、ランチ休憩を独りで食べながら書くのに充てるという意図をもてばいい。達成する可能性を高めるには、ランチボックスに色鮮やかなシールを貼るなど、目を引くリマインダーを用意しよう。[*26] 意図している活動を、毎日やり遂げなければならない活動（買い物、通勤、食事など）に結びつけることでも、実行する可能性を高められる。なぜなら、ランチを食べ始めるたびに、本の執筆に取り組むこともできるはずである事実を思い起こすからだ。

意図している活動を週のはじめに書き出し、終わったものには週末にチェックマークをつけるのも効果がある。終えられなかったものがあれば、理由を書く。

もしあなたがクロック・タイム型人間なら、日曜日に1時間確保して、その週にやる活動を書き出し、プランを立て、土曜日にも1時間とっておいて、やり遂げられたかどうかを振り返るといい。

もしあなたがイベント・タイム型人間なら、日曜日の午後の一部を使い、その週に自分の時間をかけて達成したいハイレベルの目標について考え、たとえば次の土曜の午前といった具合におおまかにスケジュールを決め、それらの目標を達成できたかどうか、考えてみてほしい[*27]。

第2章で取り上げたカテゴリー（時間を見つける、時間に投資する、時間の捉え方を変える）のどれであれ、やり抜くのに苦労しているときは、なぜその目標を達成できていないのか、じっくり考えよう。時間の使い方に関する目標に到達できないのは、上司にいつも以上に仕事を課されたり、父親がコンピューターの不具合を直すのを手伝わなければならなかったりといった、実際的な障害に直面したからのときもある。その一方で、意図したことをただやらなかっただけという場合もある。プランどおりに運動をしないこともあるのと、ちょうど同じだ。自分の時間のトラッキングと意図の実行をやり通せなかったら、行動面の戦略を使って自分にやる気を起こさせ、成し遂げるというのが、次の望ましいステップとなる。

そこで今度はアメとムチについて考えることにする。

戦略5　アメとムチを使う

もしあなたの時間管理体制がうまくいっているのなら、自分にご褒美を与えるプランを立てよう。この極端な例に、週4日勤務という新しい試みがある。従業者が月曜日から木曜日までその週の仕事を終えたなら、金曜日を休みにしてあげるのだ。有給で1日休めるというのは、当然ながら効果的な動機づけのツールだ。私たちはたいてい、自分で自分にまる1日の休暇を与える権限はないけれど、優先事項をきちんとやり遂げたら、週末にはいつもより30分多く寝る時間や上等なワインを自分へのご褒美にすることならできるだろう。[*28]

時間に関する目標を達成したときに自分にご褒美をあげるのなら、ご褒美について、いくつか覚えておく価値のあることがある。第一に、私たちには、たとえ金銭的な価値がないご褒美でも、努力して勝ち取ったものを高く評価する傾向がある。[*29] たとえば、フィットネスのアプリで、日々の運動量がある水準に達したことを示す印は、金銭的価値がまったくないのは明らかなのにもかかわらず、ある程度の効果をもつことが証明されている。

フィットネスの目標に達したときには、いつも同じレストランでご馳走を食べるというように、ご褒美に変化がないと、やがてやる気がなくなってくる。どんなご褒美をもらえるかわからなかったり、意外なご褒美をもらえたりするほうがいい。そのためには、たとえば、友人にご褒美を与えてもらうという方法がある。そのご褒美は、2人でいっしょにディナーを食べることかもしれない（それなら、なおさら時間が有効に使える！）。くじに基づいてご褒美を設定することも可能だ。たとえば、あなたが3日続けて午後5時までメールをチェックするのを我慢できたとしよう。コインを放り上げて、五分五分の確率で、高級なコーヒー1杯か2杯を飲むことにするのだ。勝ち取るご褒美が少ないか多いかがいくらか不確かな設定にすると、やる気を高められることを、研究が示唆している。[*30]

望ましい行動でご褒美をもらうよりもなおさら強力な動機づけとなるのは、望ましくない行動をとるとご褒美を失うことだ。たとえわずかなものであっても、勝ち取るよりも失うときのほうが、私たちの行動に与える影響が大きい。ある調査では、参加者は30ドル勝ち取る機会を与えられたときよりも、30ドル与えられてからそれを失う可能性があると告げられたときのほうが、ごまかしをする率が高かった。[*31]つまり、勝ち取る見込みよりも失う見込みのほうが、ごまかしにつながりやすかったということだ。

もしあなたが時間の使い方を変えたいと真剣に思っているのなら、やり遂げられなかったときに重大なコストが生じる戦略を試すといいかもしれない。[*32] 明らかな罰（ディナーのあとのデザートなし）以外にも、テクノロジーのおかげでもっと独創的な罰を下すことができる。Beeminder（ビーマインダー）というアプリは、あなたが目標を達成しそこなうたびに、クレジットカードから5ドル引き出す。Forest（フォレスト）という別のアプリは、あなたが時間の使い方に関する目標を達成するかどうか次第で、美しいアニメの木を育てたり枯らしたりする機会を提供する。stickK（スティックK）というアプリは、ユーザーに目標を設定させ、達成できないと、ユーザーがいちばん嫌いな政治家候補に寄付するといったかたちでそのユーザーが自らを罰するようにさせる（これはとても効果的な戦術になりうる）[*33]。

アメとムチは、パブリシティ（広報）のかたちも取りうる。自分の成績をソーシャルメディアで公表すれば、自分に責任を負わせることができる。目標達成への意気込みを公にするというのは、とても強い動機づけになる。そして、それは恥をさらす可能性についても同じだ。私たちは、社会に溶け込む必要性といった社会的な動機に促されて、行動を改め、それを長続きさせることができる。それ、つまり持続する行動変更こそ、私たちが目指しているものだ。

戦略6　デフォルト設定をする

自制に努め、意志の力を働かせるのは難しい（それに、じつはその効果は過大評価されている）。タイム・リッチになるような**デフォルト設定**をすれば、タイム・リッチになるための体制をもっと積極的なものにできる。この設定を行なえば、タイム・リッチになることを選ばなくて済む。それがデフォルト設定になっているからだ。つまり、ある決定を下すのはタイム・リッチになるのをやめる選択をすることを意味する。

テクノロジーのデフォルト状態をオフに設定する

通知をオフにさせてくれないアプリがあったら、アンインストールしよう。自分のデバイスをサイレントモードにし、3時間ごと、あるいは自分が守れる間隔でだけチェックするように努める（運動と同じように考えてもいい。30分から始めて、45分に延ばし、さらに1時間にする、といった具合だ）。

この戦略に積極的に取り組もう。頻繁にメールを送りつけてくるウェブサイトがあれば、配信先リストから自分のアドレスを削除する。ニュースレターなど、定期的に送られてくるものは、あとで読むためのフォルダーに回す。通知を読まなくてもほとんど気にならないのに驚くかもしれない。同僚のデイヴィスは、自分のスマホから電子メールをすべて削除することまでした。最初のうちは、重要なメッセージを受け取りそこねはしないか心配だったけれど、間もなく、そのほうがのんびりしていられることに気づいた。

「やっとログオンして電子メールをチェックしたときには、いつもほとんどどうでもいいものばかりだったのが信じられなかった。こうするようになってからの過去半年間、スマホでメールを受け取らなかったために、何か大事なものを見落としたと感じたことは一度もなかった。考えてみると、もし本当に重要だったら、相手は何か他の方法を見つけて連絡してくるだろう。ポケットの中で着信の振動をひっきりなしに感じないで済んで、たいがいはとてもありがたかった」

　デイヴィスは基本的な計算をしてみた。彼は大学の講師だったので、学期中は毎日２００通ほどメールを受信し、控えめに言ってもそのうちおそらく40通は、着信したときにチェックしていた。やっていることを中断される時間は平均で10秒だろうと、彼はおおざっぱに推測した。すると、１日当たりほぼ7分、１週間で35分、１学年度で約29時間になる。しかも、それは電子メールだけの話だ。彼はその後、ツイッターやインスタグラム、ファンタジー・フットボール、各種ニュースサイトからの通知を厳しく制限した（フェイスブックはすっかりやめた）。通知もメールも来ないようにデフォルト設定することで、彼は1年当たりほぼ1週間分の労働時間を取り戻せると見込んでいる。

幸い、科学技術者は自分たちが発明したデバイスが時間を奪い取る弊害を認識し始めており、タイム・リッチになれるデフォルト設定がしやすくなるようなテクノロジーの市場が登場してきた。Freedom（フリーダム）という、いかにもふさわしい名前のついたアプリは、ソーシャルメディアのプラットフォームやオンラインゲームといった、人の気を逸らすアプリやウェブサイトにユーザーがアクセスするのを自動的にブロックする。Ransomly（ランサムリー）という別のアプリは、ダイニングルームなどの部屋のデフォルト設定を変え、センサーやアプリを使い、その部屋や周辺にあるデバイスをすべて自動的にオフにし、スマホやさまざまな画面からユーザーを解放する。テクノロジーやタイム・コンフェッティとの闘いでは、私たちの最も頼りになる武器は、テクノロジーかもしれない。

あなた個人のデフォルト状態をコントロールする

どういう活動は行なう機会が訪れたときに自動的に選択しないようにするかについ

て、ルールを決めておくことができる。プランを立てていなかった活動、特に、職場での副次的なプロジェクトのように、誰か他の人の利益（あるいは、はっきりしない利益）のために自分の時間を差し出すことが求められる活動は、断ることをデフォルト設定にしよう。前に述べたように、もっと幸せな時間の確保を昇進よりも優先していることを思い出し、出張回数を制限するといい（たとえば、四半期ごとに1回というふうに）。同様に、個人の時間に関しても、人づき合いのプランがすでに一定の数だけあったら、新たな誘いは断るようにデフォルト設定するべきだ。

ノーと言うデフォルト設定は、タイム・リッチになるための闘いで強力な武器になるけれど、ほとんどの人は断るのが大の苦手だ。練習しないとうまくならない。少しでも楽にするための戦略には、ノーと言うデフォルト設定を公に宣言するというものがある。たとえば、私の同僚の何人かはすでに、「メッセージ、ありがとうございました。私は日に1回、午前8時半にメールをチェックすることにしています」と自動的に返信するように、メールソフトを設定している。職場も、従業者が気楽に接続を断てるようにするために重要な役割を果たす。たとえば、スラックのチャンネルを「おやすみモード」にできるようにしたりすればいい。

戦略7　単純緊急性を見極め、それと闘う

面接を受ける準備をするといった、難度も重要性も高い活動を先延ばしにしているときには、メールに返信するといった、簡単で、たいして重要ではない活動に時間を無駄にすることがある。[*34]

それは誰にでも起こる。重要な締め切りがいくつもあって忙しい週には、受信トレイを空にしていたりする。忙しかったり時間のストレスを感じていたりすると、物事を今すぐ片づけなくてはいけないようなプレッシャーもいつも以上に感じてしまう。残念ながら、そんなときには、取り組むことにした用件の重要性をしっかり考える能力が低下しているものだ。その結果、その用件が重要かどうかではなく、緊急かどうかを考えるのがデフォルト設定になっている。それを、「**単純緊急性**効果」という。**図表3-4**のマトリックスに、単純緊急性の罠をわかりやすくまとめ、それに直面したときにどう対処するべきかを示してある。

単純緊急性効果を免れるための最初の対応策の1つは、自分の活動をこのマトリックスに書き込むことだ（第2章で、すでに活動は記録してあるだろう）。あとから振り返ると、たんに緊急なだけだった用件や重要ではなかった用件は、特に注意して書き込み、

図表3-4　**単純緊急性の罠とその対処法**

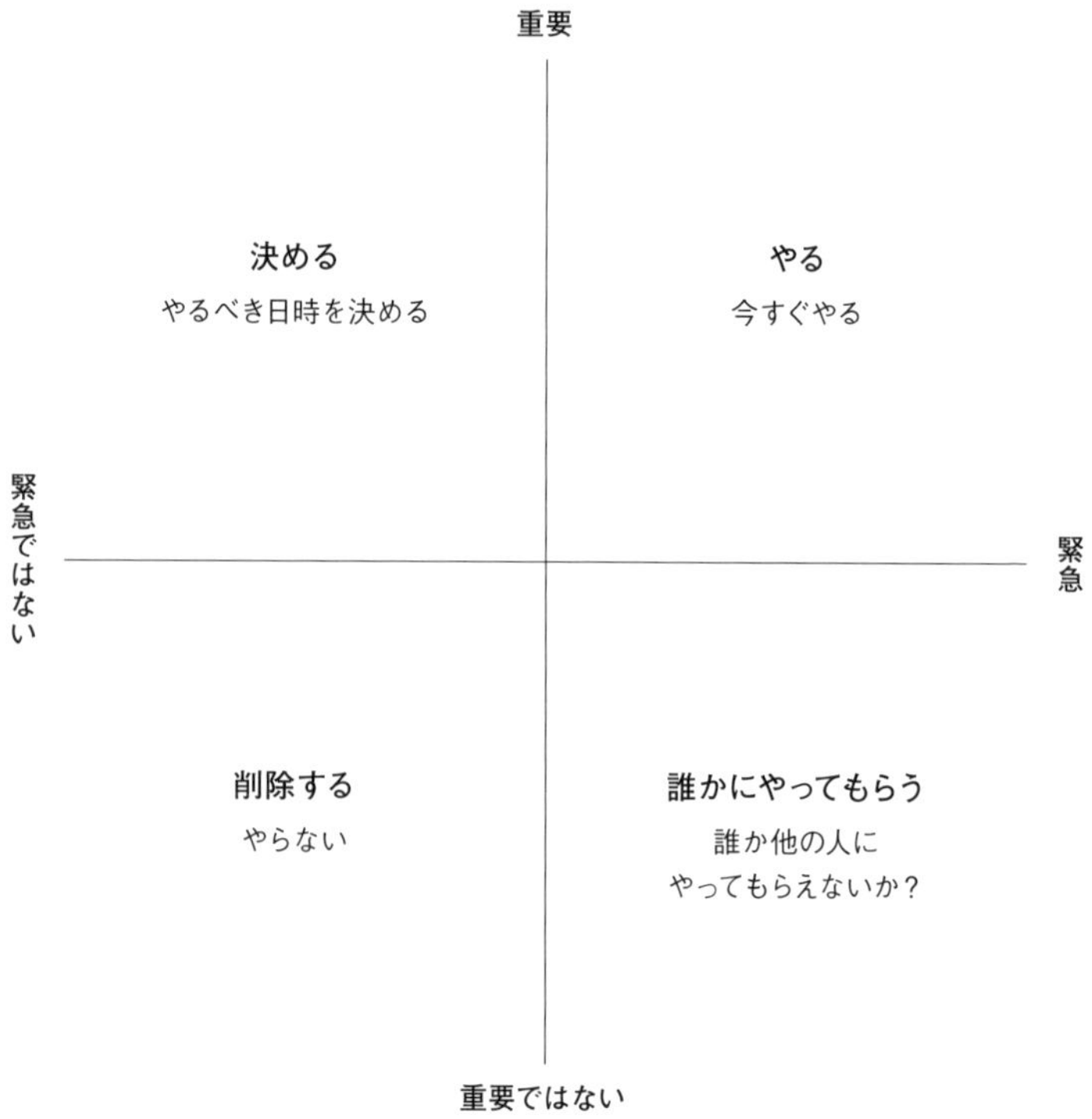

将来、また直面したときには避けるようにしよう。

あなたは自分のパターンにも気づくかもしれない。たとえば、何かの締め切り近くになると、無意識にそれを避けようとして、たんに緊急なだけの活動に取りかかることはないだろうか？　疲れているときに、ただの緊急性に負けてしまわないだろうか？　自分には緊急でもあなたには重要ではない頼み事を絶えずしてくる人がいないだろうか？

プロ・タイムを生活に組み込んでおく

「プロアクティブ・タイム（事前対処時間）」とは、**図表3-4**のマトリックスの左上の領域に入る、重要だけれど緊急ではない仕事（あるいは余暇）のために確保しておく時間のことだ[*35]（同僚の1人が「プロ・タイム」と呼んでいるので、この本でもこの短縮形を使うことにする）。

一般に、たんに緊急なだけの用件は、プロ・タイムの活動をいちばん侵害する。重要で緊急な用件は、たいてい迅速に処理される。重要でも緊急でもない用件は、放っておいてもかまわない（これまでの章の多くの部分は、まさにそうするための戦術に的を絞っていた）。

プロ・タイムの活動は、たんに緊急なだけの用件がもち上がったときに延期する重要な活動（履歴書を手直しする、プロジェクトの企画書を書く、母親に電話をかける）だ。クロック・タイム型の人間は、プロ・タイムのために1時間、確保しておけばいい。イベント・タイム型の人間は、午後遅くといった、1日のうちでもありきたりの時間帯にするプランを立てておけばいい。

もうすぐやるべき優先事項をいくつか、マトリックスに記入してみよう。仕事の場合には、それらはやらなければならない事柄だ。私生活では、やりたい事柄である可能性が高い。次に、今後2～3週間、毎日プロ・タイムをスケジュールに組み込んでおき、その時間枠に用件を割り振ろう。

プロ・タイムには、気を逸らすものが入り込まないようにするべきで、それが肝心だ。たんに緊急なだけの用件が何かしらのやりとりの中で不意に発生し、あなたがやっている重要なことを中断させかねない。だから、日々のプロ・タイムの間は、通信機能やカレンダー機能をオフにし、緊急の用件をもたらす人に予想外の要求を突きつけられないようにしなければならない。この時間帯には、重要な用件に集中し続けよう。

ただ緊急なだけの用件を避ける

販売会社のシニア・アカウント・エグゼクティブのフェリシアは、そうしている。彼女は毎週木曜日の午前中、自分自身と週1回のプランニングセッションを行なう。このときに、「重要だが緊急ではない」リストの項目を1つずつ、次の週に確保しておいたプロ・タイムのブロックに移す。毎週の終わりには、リストの項目の実行がどれだけうまくいったかを示す記録に記入する。

フェリシアをはじめ、多くのエグゼクティブが、この方法でうまくやってきた。コンピューター・エンジニアを対象として最近私たちが行なった研究では、ランダムに選んだエンジニアに、自分のためのプロ・タイムをスケジュールに組み込むように指示すると、彼らは自分の時間を前より思いどおりコントロールできているように感じ、時間管理がうまくなった気がした。そして、感じるストレスも減った。生産性の向上も報告した。彼らが所属する組織にとって重要なのだけれど、エンジニアたちは自分の仕事全般についての幸福感が高まった。プロ・タイムをスケジュールに組み込むよう指示されたエンジニアの84％が、この方法は所属する組織全体で採用するべきだと述べた。

たんに緊急なだけの用件を避けるカギは、しっかりとプロ・タイムをとることだ。

予定したプロ・タイムはとりそこなってはいけない。そして、やり遂げたことのトラッキングを必ずする。思いがけない時間の支出のせいで何時間も失ったら、できるだけ早く埋め合わせること。そして、やり抜くことが大切だ。たとえ、やり抜いたことを知る人があなた1人だけであっても。自分の誠実さの問題だと考えるといい。ごまかすのは簡単だけれど、そうしてはいけない。さもないと、第1章で始めたときの、やることが山ほどあるのに時間が全然足りない状態に逆戻りする羽目になるから。

戦略8　余暇をゆったりと過ごす

余暇は経済的価値に見合うのか

余暇を前より多く組み込むだけでは十分ではない。せっかくつくり出した余暇を楽しめるように、必ず全力を尽くすこともしなくてはいけない。

ミゲルと妻のアレハンドラは、子どもたちがようやく大学に進んで寮生活に入ったので、夢に見ていた旅に出ることにした。イタリアの中部と南部を3週間かけて回る旅だ。たっぷりお金がかかった。2人は前金で払ったから、嫌と言うほどよくわかっていた。

ところが、およそ満足のいく旅にはならず、かけた費用を考えると、がっかりだった。ミゲルが熱中症になり、バチカンのツアーに参加できなかった。景色の良いアマルフィ海岸では、2日続けて雨にたたられた。アレハンドラとミゲルは、そもそもどうしてこのツアーを選んだのかを巡って激しく言い争い、一時はミゲルが、次の飛行機で帰ると言い出す始末だった。

アメリカに戻ってから、ミゲルとアレハンドラは撮った写真を見た。ベネツィアでイカ墨パスタを食べているところ、青い海に沿ってビーチを歩いているところ、トスカーナでオリーブオイルを味見しているところ……。旅行中に感じたストレスは消えていた。振り返ってみれば、逃した機会の数々も、なぜかあまりたいしたことではないように思えた。2人は旅行に出かけたことを幸せに感じていた。今になって唯一後悔したのは、いくらかかったか、それに見合うだけのものを得ているかばかり気にかけて、旅行のあれほど多くを過ごしてしまったことだった。

あなたも同じような経験をしたことがあるかもしれない。珍しい話ではないから。研究者たちが突き止めたように、余暇の経済的な価値について考えると、その余暇から得られる楽しみが損なわれる。それは、自分が経験していることを、頭の中で思い描いている期待値や理想と、絶えず比較してしまうからだ。[*36] これは多くの種類の活動で確認されている。朝、自然の中を散歩するときに、歩いた距離を測っていると、風景をあまり楽しめない。ジョギングをしているときに、消費しているカロリーを測っていると、良い気分を味わうために走っているときほど、その経験から喜びを引き出せない。今取りかかっている本で、読書の目標を達成したかどうかが気になって、これまで読んだページを数えていたら、話の筋がわからなくなってしまう。[*37] 余暇を「トラッキング」したり、余暇にかかる金額について考えたりするときにはいつも、ミゲルとアレハンドラと同じで、時間の効率に目が行き過ぎてしまう。大切な時間を味わう代わりに、かけたお金に見合うだけのものをその余暇から引き出すことで頭がいっぱいになってしまうのだ。

余暇と効率や経済的価値を切り離す

スケジュールの中の活動を楽しむためには、自分がしていることの価値をはっきりと示してはくれない、お金その他の測定基準から切り離してほしい。この投資はどれほど効率的だったかなどと考えるのをやめ、今この瞬間に意識を向けよう。現在の余暇の喜びから私たちを遠ざけるものはなんであれ、余暇の価値を台無しにし、将来またその活動をしたいという気持ちを削いでしまう。[*38]
要するに、休暇にいくらかかったとか、ハウスクリーニング業者が金銭的投資に見合う働きをしたかどうかとか、考えないことだ。その代わりに、友人や家族ともっと時間を過ごせて、あるいは、大切なパートナーといっしょに布団にくるまりながら映画を楽しめて、どれだけ素晴らしいか、考えるといいだろう。

8つの戦略を習慣にする

これらの戦略は、タイム・リッチになるための優れた体制の基礎を提供してくれるだろう。あなたはより多くの時間を見つけ、その時間をもっと楽しむことになる。

それが簡単ではないことは承知している。私も、お金よりも時間を優先するのに相変わらず苦労しているから、お金と時間の闘いはいつも経験してきた。（向こう見ずにも）通りを渡りながら、あるいは、レストランで食事をしながら、はたまた、（海抜5000メートルを超える）ケニア山の頂上で、コンピューターに入力したり仕事の電話を受けたりしたこともある。親友の結婚式の日にも1時間半仕事をした。働くことを選んだせいで、近親の葬儀を2度も欠席している。

　タイム・リッチになるためには、私がこうした状況でやりそこねたことをやる必要がある。つまり、自分に責任をもつのだ。人間はその性質上、手抜きをしたがるもので、この章を読んだあとでも、そして、タイム・リッチになるための完璧な戦略プランと思えるものを練り上げたあとでさえも、それは変わらない。私たちは言い訳が得意で、無数の「独創的」なかたちで、好ましからぬ行動の言い逃れをすることができる。今日は並外れた1日だったから、終わらせた課題を書き出さなくてもいいだろう、あるいは、じつは、列に並んで待つのも通勤するのも気にならない、それほど悪いわけではないから、といった具合だ。

　ある人からは、こんな言い訳も聞かされたことがある。その人は、自宅にいるときに誰かに掃除をしてもらうのが「きまり悪く」思えるのだそうだ。掃除は大嫌いで、外注する余裕があり、外出中にハウスクリーニング・サービスをしてもらうこともできたというのに。時間に追われている別の人（25歳の専門職の若者）は、自分の暮らしを楽にするためのサービスには、絶対にお金を使えないと、最近私に語った。それなのに、「新しいジーンズに１００ドル使うのはなんの問題もない」し、まったく利用しないというのに、フィットネスクラブの会員でいるために月に２００ドル払うのも気にならないそうだ。

「一度だけ」ごまかすコストは、つい誘惑に負けたくなるほど少なく見える。そして、先ほどのもののような言い訳は、あまり時間のプレッシャーを感じていない、楽なときに口をついて出てくる可能性が特に高い[*39]。土曜日の朝、ソファに座ってくつろいでいるときには、あとで家の掃除をする時間はないという考えを頭から追い出すのは簡単だ。予定表を見れば、とてもそんなことはしていられないのは明らかなのだけれど。ひどい交通渋滞にはまり込んだときの苦しみは、友人たちと夜、外出して話の種にしているだけのときには、さほど深刻に思えない。ところが、いざ家の掃除をしたり、車で仕事に出かけたりしなければならなくなったときには、その苦しみが待ち受けていて、私たちの幸せや健康に大きなダメージを与える。

時間の使い方を望ましいかたちで変えている人々でさえ、誘惑に負けて、中途半端な成果に満足し、以前の習慣に逆戻りしかねない。時間とお金のトレードオフのコツはもうつかめたから、時間の使い方のトラッキングはこれ以上する必要がないとか、今度の家族旅行のときには、スマホでメールをいくつかチェックしてもいいかもしれないな、きっと、たいして水を差されることはないだろうから、とかいった具合に。健康な食生活をしようとしているときと同じで、何日か頑張ると、自分にご褒美をあげても当然という気になる。[*40] それで、ハンバーガーとミルクセーキを買ってしまう。ついでに、フライドポテトも。そして、一度言い訳をすると、また言い訳をしやすくなり、悪い習慣に逆戻りしてしまうものだ。

＊　＊　＊

タイム・プアな状態を抜け出してタイム・リッチでもっと幸せな生活を送るにはどんな取り組み方が必要かを説明するために、この章ではずっと、運動と健康な食生活というたとえを使ってきた。この2つは完全に適切なたとえだけれど、最後に少しばかりほころびが出てきた。

タイム・リッチになるための体制を貫けば、誰の目にも見える成果があがると言いたいのはやまやまだ。運動をすれば元気になるし、友人たちもその望ましい変化に気づく。ところが、時間に関しては、すぐに変化に気づくのは、もっと難しい。それでも違いは出る。私はこれまで、それを目にしてきた。微笑みや笑いが増え、疲れて目に隈ができることが減り、パートナーや同僚や子どもと言い争うことも減る。

そして、タイム・リッチになるための決定を下す習慣がいったん身につけば、請け合ってもいい——自分や他人の目に何が映るかに関係なく、あなたはきっとそれを感じることができる。[*41]

第3章のツールキット

タイム・スマートな体制のチェックリスト

タイム・スマートな生活を送る習慣を身につけるための8つの戦略をおさらいしましょう。

戦略1　なぜかを問う　自分が束の間の自由時間を無駄遣いしているのに気づいたら、なぜこんなことをしているのか、自問しましょう。楽しいからですか？　それとも、何か別のことをやるのを先延ばしにしているのでしょうか？

戦略2　ゆとり時間を予定する　この本を読んで熱心になり過ぎ、可能なかぎり余暇をスケジュールに組み込み、一瞬のゆとりもない状態にしてはいけません。余暇を予定し過ぎると裏目に出ることが、調査からわかっています。余暇が仕事のように感じられてしまうからです。余暇の活動と会議などの合間に、空っぽのゆとり時間を確保するようにしてください。

戦略３　自分のカレンダー・マインドセットを知る　人はたいてい、クロック・タイム（「午後1時から2時15分まで」というように、とても具体的に時間を決めておく）の観点から、あるいは、イベント・タイム（「午後の半ば」のように、あまり具体的にではなく、おおよその時間帯を決めておく）の観点から時間について考えます。自分がどちらなのかを知れば（このツールキットに後ほど出てくる質問表で確認してください）、タイム・リッチで楽しくなる可能性がいちばん高い方法で、自分の時間のスケジュールを決められるようになります。

戦略４　意図をもつ　どんな目標を新たに立てたときにも、それを達成するためには、手助けをしてくれる戦略を採用するといいでしょう。意図をもち、いつ、どこで、何を、誰と、どのようにしてタイム・リッチになるかを突き止め、その意図を記録してください。

戦略５　アメとムチを使う　意図したとおりにやり抜いたときには自分にご褒美を

与え、やりそこねたときには自分を罰しましょう。不確かなご褒美のほうが、いつも同じご褒美よりもやる気を起こさせることや、利益よりも損失のほうが印象が強いので、やり抜かなければ罰を加えられると自分を脅したほうが効果があるかもしれないことを、思い出してください。

戦略6　タイム・スマートなデフォルト設定をする　ただちに通知を受けたり、絶えず作業を中断されたりしないように、さまざまなデバイスを設定して、タイム・スマートな行動をとりやすくしましょう。たとえば、毎年引き受ける出張の数を制限したりして、タイム・スマートな行動がデフォルト設定になるような「アナログ」の決定を下してください。

戦略7　単純緊急性を見極め、それと闘う　ただ緊急なだけの用件と重要な用件との違いに気づくようにしましょう。そして、ただ緊急なだけの用件よりも重要な用件に的を絞るようにしてください。

戦略8　余暇をゆったりと過ごす　かけたお金に見合ったものを余暇の活動から引き出せているかどうかを考えるよりも、余暇の一瞬一瞬を楽しむことに集中しましょう。

自分のカレンダー・マインドセットを知るチェックシート

自分の時間についてどう考えるかに関しては2種類の人がいます。クロック・タイム型人間とイベント・タイム型人間です。どちらか一方がもう一方よりも優れているということはありませんが、自分がどちらなのかを知れば、自分の時間管理体制を打ち立てやすくなります。自分がクロック・タイム型かイベント・タイム型かを突き止めるために、「1点＝まったく当てはまらない」から「7点＝完全に当てはまる」までの7段階で、**図表3-5**（182〜183ページ）の項目を評価してください。

クロック・タイム型とイベント・タイム型の各項目の得点を見ると、自分の傾向と、その傾向の強さがわかります。それぞれの型の合計得点がほぼ同じなら、どんなときに一方の型の行動をとりやすいかを考え、仕事やそれ以外で、もっと適切にスケジュールを決める余地がないかどうか、自問してください。

端的な理由のワークシート

図表3-6（184ページ）を使い、自分の活動をトラッキングし、時間の使い方について、自分と正直な会話を交わしましょう。自分について、そして、時間の使い方について、じっくり考えてください。将来についても少し考えるといいでしょう。ある活動のおかげで、今この瞬間は幸せになっていても、将来の時間を借りてその活動をしているのであって、今していることのせいで、将来もっとストレスを感じるのがわかっている、ということはないでしょうか？　最後に、もし自分がやると決めたことから価値あるものがもたらされなかったら、その活動を削除リストに加えることを検討し、その代わりにできる、タイム・リッチな活動を書き留めましょう。

やり抜くためのプラン作成シート

意図とは、自分の日々をタイム・リッチな活動で埋めるように自分に課すことです。タイム・スマートな1日のプランナーとして、**図表3-7**（185ページ）に自分の意図を書き出すことを考えてください。2～3週間に1回、時間を割いて（クロック・タ

項目	得点
⑦ 1つの用件でいくつかのことを終わらせなければならないときには、それぞれにかけるべき時間を最初に決める	
⑧ ある用件のためのスケジュールを決めたら、たいていそれを守る	
⑨ 同時に終わらせるべき用件が複数あるときには、たいてい、今が何時かに基づいて次の用件に取りかかることにしている	
⑩ 終わらせるべき用件があるときには、締め切りがいつかに基づいて、取りかかるときを決める	
⑪ 終わらせるべき用件があるときには、いつ終わらせる時間があると感じるかに基づいて、取りかかるときを決める	

⑤、⑥、⑦、⑧、⑨、⑩ の得点を合計すると、
クロック・タイム型の度合いがわかります。　合計

①、②、③、④、⑪ の得点を合計すると、
イベント・タイム型の度合いがわかります。　合計

図表3-5　**あなたはクロック・タイム型？　イベント・タイム型？**

項目	得点
① 特定の時間枠の中で終わらせなければならない用件が複数あるときには、たいてい、取り組んでいる用件を納得のいくかたちで終わらせてからでなければ、次の用件に取りかかることはしない	
② たいてい、終わらせるべき順番に基づいてその日（あるいは週）の用件を整理する	
③ きちんとやり遂げられるかぎり、用件を終わらせるのにどれだけ時間がかかっても気にならない	
④ その日の活動の1つを終わらせてからでなければ、次の活動にとりかかることはしない	
⑤ 今が何時かに基づいて、その日の次の活動に取りかかることにしている。そのせいで、今取り組んでいる活動を途中で切り上げなければならなくても、そうする	
⑥ 時間の制限なしに用件に取り組んでいるときには、時刻を確認して自分のペースを定める	

図表3-6　端的な理由のワークシート

いつ：いつその活動をしているか？

何を：どんな活動をしているのか？

なぜ：なぜその活動をしているのか？

続行するべきか？：イエスかノーか？ イエスなら、あとどれだけ続けるのか？

代わりに何をするべきか？：その活動をやめて、どんな活動を新たに始めるのか？

図表3-7　やり抜くためのプラン作成シート①

プランニングをする時間

プランを立てた活動の数

成し遂げた活動の数

どの活動を成し遂げられなかったのか？ それはなぜか？

やり抜くためのプランを立てる

タイム・リッチになるための活動	タイム・リッチになるための活動
活動3	活動4
いつこれをやり遂げるか？	いつこれをやり遂げるか？
どうやってやり遂げるか？	どうやってやり遂げるか？
誰とやり遂げるか？	誰とやり遂げるか？
どんな戦略を使うか？	どんな戦略を使うか？

図表3-8　やり抜くためのプラン作成シート②

タイム・リッチになるための活動	タイム・リッチになるための活動
活動1	活動2
いつこれをやり遂げるか？	いつこれをやり遂げるか？
どうやってやり遂げるか？	どうやってやり遂げるか？
誰とやり遂げるか？	誰とやり遂げるか？
どんな戦略を使うか？	どんな戦略を使うか？

イム型の人は特定の時間を決め、イベント・タイム型の人は特定の時間帯を選ぶ)、自分の時間の使い方を改善する努力を助けるような活動をその後のスケジュールに組み込みましょう。振り返って確認するときがきたら、やりたかった課題が達成できたかどうかを書き記し、もしできていなかったら、理由も書いてください。成し遂げられなかった課題に、なぜ取り組めなかったかを説明できるようなパターンを探し、それらをやり抜くためのプランを立てましょう(**図表3-8**)。

第4章

The Long View

長期展望

人生の重大な決定にタイム・スマートに対応する

あなたは毎日、時間の使い方について、その時点で自分がコントロールできる決定を何百も下す。たとえば、スマホを置き、ランチに何を注文するかくどくどと考えるのをやめ、打ち合わせをキャンセルし、川沿いを散歩することができる。友人に電話し、テレビを消し、運動をし、メールソフトを閉じて、ポッドキャストを視聴することもできる。これらは、この本でこれまで注意を向けてきた瞬間や行動だ。

とはいえ、それとは違う種類の決定がもたらす行動もある。すなわち、何年も前にはるかに長い人生の展望に基づいて下し、今なお自分がどう時間を使うかに影響を与えている決定に導かれた行動だ。たとえば、仕事の選択には、自分をタイム・プアな活動に追い込みかねない一連の活動を選ぶことも含まれている。どこに住むか、誰と住むかについての決定は、賃貸契約やローンの支払いが続くかぎり、あなたがどれだけタイム・リッチでいられるかを左右しうる。子どもをもてば、時間の面でも否応なく責任が生じる。子育てに時間を注ぎ込むことになるので、どこかから時間を捻出せざるを得ない。

時間について賢い選択をする毎日の習慣をつけることは重要だけれど、タイム・

リッチでいられるかどうかに、重大な決定や人生設計が及ぼす影響について考えることも、それに劣らず大切だ。5～10年先を見据え、人生の大きな選択が自分の時間の選択にどう影響するか考える必要がある。

この章の目標は、あなたの人生を根本からひっくり返すことでもなければ、過去に下した大きな決定を逆転させるように促すことでもない。たとえば、もしあなたが最近、家を購入したとしたら、もっとタイム・リッチになるために、その家を今すぐ売り払うことはありそうにない。むしろ、この章の目標は、人生の重大な決定と、時間の長期的なプランの立て方の間に、どのような関係があるかを探ることだ。そうすれば、人生にかかわる決定に新たに出くわしたとき、タイム・スマートなかたちでそれを捉えることができる。

仕事の選択――転職するか？　今の会社にとどまるか？

私たちは就職した途端、自分の時間に制約を加え始める。最初のうちは特にそうなのだけれど、仕事を決めると、自分をタイム・プアにするのが確実な一連の行動をとる羽目になる。仕事の決定は、一生にわたってどんな道を歩むかや、どれだけタイム・リッチになれるかを決めかねない[*1]。

テッドは、フルタイムで働いたことのある人ならほとんど誰もが一度は直面するような、人生の重大な決定を迫られていた。すなわち、キャリアを変えるべきかどうかという決定だ。テッドは大学を卒業して以来5年間、小売業の経営部門で働いてきた。妻と4歳になる娘がいて、住宅ローンを抱え、他にも多くの出費があった。だから、収入が減ると困る。その一方で、今の仕事は「アリ地獄のよう」に感じていた。「抜け出そうとすればするほど、深みにはまってしまう」のだという。仕事があるのはありがたかったけれど、売り上げを伸ばすための絶え間ないストレスとプレッシャーで頭がおかしくなりそうに感じてもいた。出世コースに乗っていたので、この仕事にとどまれば、2年のうちにはさらに昇進できた。転職すれば収入が減るのは承知していたけれど、もっと幸せを感じたかったし、アカウント・エグゼクティブのような、自分がもっと楽しめそうなキャリアに移りたくもあった。

おそらく、もう選択肢はおわかりだろう。もっと幸せだけれど給料が少ない仕事に替えるか、今の職にとどまり、膨大な時間を奪われ、さらに大きなストレスをもたらす出世コースを進み続けるかの、どちらかだ。

タイム・プアを呼び込むのは給料の高い仕事？

人生のさまざまな時点ごとに、優先事項も違ってくるし、どれだけタイム・リッチかも変化する。もしあなたが、多額の借金をしたり、住宅ローンを抱えたりすれば、時間のコスト、あるいは幸せに対するコストをともなう、望ましくない仕事でも、高い給料を得るためにはしかたないと思うかもしれない。私たちがタイム・プアな決定を下す理由の１つがそれだ。他にも理由は考えられる。けれど、自分の人生にどんな影響が及びうるかをはっきり知るために、その決定のもたらす結果を理解しておくことが重要だ。若い人は、できるだけ給料が多い仕事に就く可能性が極端に高いことが、調査からわかっている。そして、それで必ずしも幸福感が増すわけではないこともわかっている。[*2]

私は共同研究者たちとともに最近行なった調査で、序章でみなさんにやってもらったのとまったく同じ、テイラーとモーガンの質問を使い、卒業間近の大学生１０００人以上に、時間とお金のどちらをたいてい優先するか尋ねた。また、人生の満足感と日々の幸福感についても尋ねた。そして2年後、幸せに関する同じ質問に、もう一度答えてもらった。

すると、時間を優先する学生のほうが、お金を優先する学生よりも2年後には幸せだった。調査を始めた時点で、彼らがどれだけ幸せだったかを考慮に入れたときでさえ、そうだった。**お金よりも時間を大切にする学生のほうが幸せだったのはなぜか？**

学生たちは卒業後、違う理由でキャリアについての最初の決定を下した。就職するか大学院に進学するかに関係なく、時間を優先する学生は、自分が「しなければならない」ことではなく「やりたい」ことに取り組んでいると答える率が高かった。

そのうえ、時間を重視する人は、働く時間が少ないから、あるいは、収入が低いから、より強い幸福感を報告していたわけではない。時間を大切にするという人の多くが、毎週50時間から60時間働いており、金銭的にもうまくいっていると報告した。ところが彼らは、時間中心の活動を選び、時間を重視する視点を支持するようなキャリアの決定に的を絞ることで、有意義な仕事に就き、友人や家族や趣味のために時間のとれる、長期的な路線へと乗り出していたのだ。[*3]

この調査結果は重要だ。私たちのほとんどは、仕事を選ぶとき、簡単に測定できる基準である給料や評判を重視し過ぎ、仕事に費やすことになる時間にどれだけ価値があるかや、仕事のせいで、働いていないときの時間がどのように束縛されるかには、あまり目を向けない。それは1つには、富が人生を良いものにする程度を過大評価しているからだ。[*4]

給料や手当などよりもフレックスタイムや通勤時間の短さ

富についての間違った考えは、諸手当などにまで及ぶ。従業者は、給料に加えて、保険や、退職金などの現金給付によって、自分の仕事の満足度が根本的に決まると思っている。ところが彼らは、お金の価値を過大評価しているのだ。[*5]

それと同時に、フレックスタイムや短い通勤時間といった、タイム・リッチな特徴の価値を過小評価する。私たちが分析すると、社会経験や有給休暇などの金銭ではない恩恵は、給与や手当などの金額の多さよりも仕事の満足度に大きな影響があることがわかった。他の条件がすべて同じなら、**育児休暇やフレックスタイム、病気休暇といった時間中心の恩恵は、年収4万8000ドルの人にとっては、3万8000ドル多くもらう以上に、仕事の満足度を高めた。**

考えてほしい。さまざまなタイム・スマートな恩恵が、79%の昇給に匹敵するほど、仕事の満足度を高めたのだ。収入、年齢、性別、学歴、業界、企業規模、雇用者の種類、企業収益などの影響の調整を行なったあとでさえ、この結果は変わらなかった。[*6]

私の調査では、時間を大切にする学生は、お金を重視する学生とは違うキャリアパスを選ぶこともわかった。時間を重視する学生は、大学院への進学率が高かった。それとは対照的に、お金を重視する学生は、フルタイムで働いたり、経営学の学位取得を目指したりする率が高かった。この調査では、何をすることを選んだかよりも、なぜそのキャリアを選んだかのほうが、幸福感に大きな影響を与えることがわかった。これは、学生の親がどれだけ豊かかとは関係なかったので、時間重視の人々は、そうであるだけの余裕があるからにすぎないという考えは排除された。

ここで1つ注意しておかなければならないことがある。この調査が行なわれたのはカナダであり、そこではアメリカと比べて、学生が卒業するときに抱えている学資ローンの負債が少ない。借金が多く、若い従業者の重荷になっている国では、結果はそれほど明確ではないかもしれない。だからといって、タイム・リッチな決定を下す意味がないということにはならない。むしろそれは、カナダ以外でも人々がお金よりも時間を優先させるキャリアの決定を下せると感じやすくするように、さまざまな組織や政府がやれることがもっとあるという証拠だろう。それができれば少なくとも2年後には、従業者は一般に、より幸せで、生産的で、勤務先に対して忠実であることがわかったのだから。この点は、第5章でもう一度取り上げる。

こうした調査の結果わかったことは、最初の仕事以外についての決定にさえも当てはまるのではないかと思う。私たちがお金に執着しやすいのは、キャリアの半ばに差しかかった頃で、ローンや子どもの養育費、学費などを、人生のこの段階であれこれ払わなければならなくなるからだ。

お金中心の決定が幸福感の増大につながるとはかぎらない

私たちは、キャリアが定まり、そこから抜け出せなくなっているように感じる可能性が高い。たとえば、簡単に都会に引っ越したり、給料の少ないフレックスタイムの仕事に替えたりすることができないだろうからだ。とはいえ少なくとも、お金中心の決定がいつも幸福感の増大にうまくつながるとはかぎらないことは承知しておいたほうがいい。そして、いいや、毎日通勤に4時間かかるけれど、年に3万6000ドル多く稼げるなどと自分に言い聞かせているときには、そのお金よりも自分の時間のほうがおそらく価値があることに気づくべきだ。

先ほど出てきたテッドは、ストレスの多い仕事を続けることを選んだ。2年後、収入は増えていたけれど、離婚し、独り暮らしをしていて、不幸せだった。仕事の選択に直面したときのように、人生における重大な時点に差しかかったときには、より多くの時間よりもより多くのお金を手に入れることを選んだら、一生にわたって失うかもしれない幸せについて考えることが大切だ。

職場と自宅の間にある問題「どこに住むかを選ぶ」

通勤は希望する仕事と住みたい家の軋轢

通勤は苛々する。しかも、いっそうひどくなっている。アメリカでは、平均の通勤時間は片道26分だ（1980年代と比べて20%の増加）。長距離通勤者の中には、職場まで、片道90分以上かける人もいる。[*7] 通勤時間に関連した計算は第2章でやった。長距離通勤者は、人生の延べ何週間も、ストレスの多い憂鬱な交通渋滞に巻き込まれて浪費する。ある調査では、回答者の1人が次のようにこぼした。

「大嫌いなことの1つが日々の通勤です。この毎日の繰り返しが嫌でしかたなくなりました。連日朝と夕方に、負けると決まっている闘いに行くような感じで、覚悟を決めなければなりません」[*8]

通勤は職場と自宅との間の時間と空間と言える。[*9] つらい通勤というのは一般に、特定の種類の仕事をしたいという気持ちと、特定の種類の家に住みたいという気持ちの軋轢《あつれき》の副産物だ。私たちが望む良い仕事はたいてい、経済活動が集中した地域にあり、一方、私たちが望む広い家は、職場から少なくとも車で一乗りしなければならないほど離れている。[*10]

高給の仕事を望む気持ちと、自分の幸せにとって給料やボーナスがもつ価値を私たちが過大評価しがちな理由については、すでに述べた[*11]。住宅に関しては、私たちはステータスと物質主義を重視するので、職場からいっそう遠くても大きな家に住みたいという欲望が煽られることが多い[*12]。この場合にも私たちは、生活と仕事を結びつけるために失っている時間を過小評価している。

住宅購入費用を抑えるために時間と幸せを喪失

皮肉にも、私たちは特定の種類の住宅に対する自分の欲望を、購入能力を中心に捉える。費用を抑えるために、長い通勤が必要となる場所を選んだせいで、時間（と幸せ）の喪失というかたちで膨大なコストを払う羽目になるときにさえ、そうだ。ほとんどの人は住む場所を決めるとき、家の特徴を重視し、その家によって決まってくる生活の特徴にはそれほど注意を払わない[*13]。

より遠い場所に住んだほうが、かけたお金の割に得るものが大きいことが多いけれど、このような言い回しからさえ、金銭を中心とする見方が明らかになる。実際には、払ったお金からどれほどの価値を引き出そうと、時間というかたちでその価値を失いうる。

こうした決定を迫られたときには、家のもつ利点と時間のもつ利点のトレードオフとして、その決定を捉え直すといい。１つ例をあげよう。40万ドル払えば、郊外に引っ越して、広い裏庭とガレージつきの、ベッドルームが５つある、床面積２５０平方メートルの家が買えるとしよう。通勤時間は片道1時間15分だ。一方、やはり40万ドル払えば、市内に引っ越して、ガレージも裏庭もないけれど、駐車スペースつきで、ベッドルームが３つあって、床面積１３０平方メートル、徒歩圏内に公園がある分譲マンションが買える。通勤時間は車か自転車で10分だ。

　市内に移れば、費用は同じだけれど、ベッドルームが２つ減り、裏庭とガレージはなくなる。それでも、通勤以外のかたちで使える時間が22日分（５００時間以上）手に入る。少なくともそこに5年は住むつもりだとしよう。住宅購入の決定を下すときに計算するべきなのは、それぞれの場所でベッドルーム何部屋分にお金を払うことになるかではなく、ベッドルーム２つと裏庭とガレージが、今後5年間に通勤で失うことになる、あなたの人生の１１０日間に値するかどうか、だ。あなたは60カ月のうち３カ月（あなたの時間の５％）を、ベッドルーム２つと裏庭とガレージのために差し出す、あるいは、支払うつもりがあるだろうか？

在宅勤務で取り戻せるものとは？

「黄金の年月《ゴールデン・イヤーズ》」、すなわち老後まで、通勤をしなくて済むようになるのを楽しみに待つ人は多いけれど、この例や私の調査からわかるように、職場の近くに家を見つけたり、家の近くで仕事を見つけたりして、今すぐ通勤を大幅に削ることを真剣に考える必要がある。ただちに引っ越せないのなら、可能であれば、少なくともときどきは在宅勤務をしてはどうだろう。１日当たり合計１時間という、ほどほどの通勤時間の従業者なら、週に１日在宅勤務をすれば、それだけで年に２日分取り戻せる。

　住む場所の選択には、床面積や庭以上のものがかかわっていることは、私も承知している。学区、家族、パートナーの仕事、環境に対する全般的な好みなどがみな、人生におけるこの大きな決定で重要な役割を果たす。私の狙いは、職場に近い小さな家を買うという決定や、家に近い所で給料の低い仕事に就くという決定がやさしいと主張することではない。まして、それがいつも必ず正しい決定だなどと言うつもりはさらさらない。

　私はあなたに、この課題について、何をおいても額に見合った物件かどうかという観点から考える傾向を克服できるようになってもらいたいのだ。そして、時間中心の視点から、自分の選択について考えてほしい。もし当面、住まいに関する変更から明白な恩恵が受けられそうになければ、第2章で取り上げた戦略を使って、通勤をもっと凌《しの》ぎやすいものに変えよう。好きなポッドキャストを聴いたり、瞑想したり、これからの1日のプランを立てたりできる。あるいは、お金を払って週に1日か2日、ライドシェア・サービスを利用することさえ可能だ。

そして、あなたの人生の次の段階が訪れたら、どこに住むかやどこで働くかについて、考え方が変わったり、幸せでタイム・リッチになれるような異なる選択をしたりするかもしれない。

自分の時間のプランを立てる

この本には、あなたが利用できる時間活用戦略が満載されている。あなたはもう、タイム・リッチになるための活動を、自分の生活に熱心に取り入れ始めているかもしれない。毎週木曜日の午後4時に自然の中を散歩する、毎週土曜日の朝11時に義父に電話する、毎週金曜日にライドシェアで通勤し、ポッドキャストを聴く、といった具合に。あなたがA型人間なら、タイム・リッチになるための活動でスケジュールがすでにいっぱいかもしれない（ただし、第3章で説明したゆとり時間を残しておくことも、いつも念頭におきながら）。

お見事！　その調子！　けれど（「けれど」が続くことは、予想がついていただろう）、何週間も、何カ月も、何年も先までタイム・リッチになるための活動のプランを立てるには、さらなる戦術が必要になる。タイム・リッチになるための活動の効果を持続させるには、バラエティと自発性の必要性も考えてみなければならない。[*14]

私たちには、どんなものであれ新しい活動の喜びがどれほど早く消えてなくなってしまうかを、過小評価する傾向がある。[*15] ダイエットのたとえに戻ろう。もし毎日必ず、午前6時にはプロテインシェイクを飲み、午後1時にはホウレンソウサラダを食べなければならないとしたら、そのダイエットを続けるのは難しいだろう。

バラエティの助け――決まりきった手順にならないように

私たちは、多くの似たようなことではなく多くの違うことをして毎日や毎週を過ごしていると、生産性が高く、ストレスが少なく、より幸せであるように感じる。逆に、人づき合いのような望ましいことでさえ、繰り返したり長時間やったりすると、ストレスがたまったり、憂鬱になったりしかねない。1日3時間以上誰かといっしょにいる人は、それほど長く他人といっしょに過ごさない人よりもストレスが高まり、幸福感が減少すると報告することを示すデータもある。[16]

別の調査では、研究者たちは1日を通して人々に携帯メールを送り、何をしているか、どれほど幸せかを尋ねた。メールの60%以上で、誰かといっしょにいると答えた人は、ストレスが増し、幸福感が低下したと報告した。人といっしょにいるとどれほど楽しいと答えていようと、関係なかった。外向的な人でさえも、他者から距離を置く時間が必要なのだ。[17]

これは理に適っている。いくら良いことでも、度が過ぎると効果が薄れる。[18]時間を活用する活動の価値に気づくには、そうした活動のプランを注意深く立て、それから離れる時間を必要とする。どの瞬間も、時間が与えてくれる幸福感を最大化することに費やしていたら、有意義なものや、生計を立てるものにさえならない。

自分の生活の中に、タイム・リッチになるための活動を組み込むのは良いことだ。それでも、活動にバラエティを加え、決まりきった手順にならないようにしよう。第3章で指摘したように、そのときの気持ちや成り行きに任せる余地を残しておくのも効果的だ。プランにこだわり過ぎてしまうと、幸運を招く機会を逃しかねない。ハートフォードシャー大学の心理学教授のリチャード・ワイズマンは、幸運な人と不運な人を分ける主な要因の1つが、**幸運な人は決まりきった手順から進んで外れ、先入観をもたない**ことであるのを発見した。[*19]

ワイズマンの実験の1つでは、参加者は写真の載った新聞をめくり、写真の数を数えるように言われた。3ページ目には広告があり、「数えるのをやめましょう。この新聞には43枚の写真が載っています」と書いてあった。その数ページあとには、別の大きな広告があり、「数えるのをやめましょう。この広告を見たことを実験者に告げれば、235ドルもらえます」と書かれていた。幸運な人（ただ言われたとおり何も考えずに写真を数え続けたりはしない人）は、柔軟で、先入観のないかたちで課題に取り組んでいたので、お金を勝ち取る率が高かった。[*20] ワイズマンの言葉を借りれば、「幸運な人は、とにかくあれこれ試してみる。不運な人は、あらゆる角度から物事を考えたあとでしか行動しない。だから、その頃には世の中は先に進んでしまっている」ということだ。この研究が強調しているように、台本から外れる時間を人生の中に残しておけば、それが報われる可能性は高い。

「ノー」と言う

あまりに厳密にスケジュールを立て、時間をありきたりなかたちでしか使わないと、キャリアや人生を一変させるのに必要な、思いがけない発見をする機会を逃しかねない。気の向くままの会話や、意外な出会い、午後に早退するという気まぐれな決定などには価値がある。

だからといって、ひっきりなしにそうすることはできない。ネットワークづくりや会話の機会を1つ残らず捉えるわけにはいかない。そんなことをしたら、毎日気が散ってばかりで、本当に大切なこと（緊急ではないけれど重要な用件）に的を絞る代わりに、目の前にあること（緊急だけれど重要ではない用件）だけを優先するという罠にはまってしまうだろう。自分の時間に突きつけられてくる要求への取り組み方について、長期的な方針を練り上げる必要がある――どうやって建設的なかたちでノーと言うかに重点をおきながら。

モニカはこのジレンマにユニークな解決策を思いついた。話し合いにはいつもイエスと言うものの、行動にイエスと言うのにはもっと慎重になる、というものだ。モニカはブティック・マーケティング代理店を所有して経営し、グラフィックデザイナーとコピーライターを約20人雇っている。新しい仕事をとってきたり、チームを管理したりするためには、休む間もなく働いていなければならないと感じることが多い。常に時間に追われている彼女は、時間管理についての自己啓発書を何冊も読んできた。

そのほとんどが、同じ1つの戦略を練り上げることを推奨していた。すなわち、ノーと言うことを覚えるという戦略だ。

最初モニカは、ノーと言うのが理に適っていると思った。私のやっているサービスについて問い合わせのメールが届いたら、すでに販売のノルマを達成しているときには、あっさりノーと言おう。相手が小さな店を所有することについて話したければ、紋切り型の説明をして、断ろう。ところが、本当に接触をもちたがっている人をはねつけることに、いつも多少気が咎めた。

モニカは即興のクラスをとってから方針を変えた。即興は、どんなアイデアを示されても参加者はイエスと言って、それに取り組むように強いられることで知られている[*21]。彼女は、自発性を発揮したり思いがけないものを偶然発見する能力を発揮したりする機会を自分の人生に招き入れることに決めた。だから、問い合わせをしてきた人にはイエスと言い、とにかく話し合いだけはすることにした。同時に、原則として、話し合い以上のものにはノーと言うことにした。さらに、この「情報収集ミーティング」はすべて週の半ばの1日に集中した。こうすれば、9時から5時までの1週間の退屈な仕事が分割されるし、クライアントのプロジェクトを終わらせるといった、重要だけれど緊急でない仕事から、そうした話し合いで気を逸らされずに済む。

やがて、モニカのビジネスと社会的ネットワークが広がり、盛んになった。モニカは自分のチームに負担をかけ過ぎるような仕事は引き受けないように注意したけれど、話し合いにはイエスと言うことで、自然につながりができる時間を前より多くもてた。そんな話し合いの1つが、あるデザイン会社との提携に結びついた。別の話し合いがきっかけで、新しい有望なデザインの花形を雇うことができた。さらに別の話し合いの相手は、ある従業者のパートナーのクライアントになった。そのパートナーというのは、バイオテクノロジー企業のための広告コピーを専門とする人だった。

モニカは次のように説明している。

「即興のクラスで教わったとおり、あらゆる話し合いやアイデアに対してイエスと言うことで、自分の人生にはるかに多くの成功を呼び込むことができました。何がいちばん良かったか、ですか？　それは、この成功が自分に恩恵をもたらすだけではないことです。いっしょに働いている人たちにもその恩恵が及んでいます。私はこうした話し合いを通して、従業者が本人やパートナーのために新しい仕事を見つけるお手伝いができましたし、新しくてこれまでとは違う仕事を引き受ける機会が市場にあるのに気づきましたし、やり遂げることを夢みていただけの、違う種類の仕事を担当できる新しい人材も見つかりました。……ですから今では、アイデアや話し合いにはイエスと言い、実行にはたいていノーと言うことにしています（そのプロジェクト、あるいは利益幅があまりに良いので断れないときは別ですが）。けれど、面白い話をもちかけられて、自分では引き受けられないときには、自分の会社の人間か友人が、そこから利益を得られないかどうか、考えます。それから、その機会を彼らに回します。こうすれば、もうお手上げという気持ちになりませんし、いっしょに働いている人たちは、自分のスキルを試す、価値ある機会が得られます」

モニカの時間戦略は、行動科学に基づいている。私たちは、他の人に課題を任せたり回したりすれば、自分の仕事に取り組んだり、自分の時間をうまく管理していると感じたりしやすくなるだけでなく、周りの人々にも、自分の真価をきちんと理解されていると感じてもらえる。[*22] そのうえ、他の人の役に立つのは気分が良いものだ。[*23] 私たちは、自分よりも下位の仕事仲間に有益な機会を提供すれば、向社会的行動をとったことになる。他者を助けているときには、自分自身も助けているのだ。

もっとも、この取り組み方が手に負えなくなるかもしれないことは、簡単に見て取れる。イエスと言えばネットワークが広がり、その結果、話をしたいという依頼が増え、いずれノーと言わざるを得なくなる。話し合いに対してさえも。それをうまくやってのけるのにも、戦略が必要だ。

でも、時間を理由に断らない

今忙し過ぎるからと言って依頼を断るのは、自然に思えるかもしれない。あいにく、時間を理由にすると、高い社会的コストがともなう。時間を理由に依頼を断る人は、そうしない人ほど好感がもてず、信用できないと思われることを、私は共同研究者たちとともに突き止めた。[*24] これは、時間とは私たちが自分で管理できるものだと見なされているからだ。世界一忙しい人さえも含めて、私たち全員が同じように、１日に24時間をあてがわれている。だから、同僚に頼まれたときにそれに時間を使わないのは、本人の選択という印象を与える。

私たちは、お金の問題や元気がないことを理由に依頼を断る人や、まったく理由を言わない人に対してのほうが、ずっと前向きに反応する。だから、話し合いや会合、上司や同僚からの依頼をどうしても断らなければならないときには、家族の都合や思いがけない旅行といった、自分のコントロールの及ばない事情のせいであることをはっきりさせるようにするといい。

もっと時間を求めて「締め切りの先延ばし」

ノーと言う代わりに、依頼を受けやすくするために、もっと時間を求めてもいい。

仕事では、締め切りが時間のストレスの大きな原因だ。自分のスケジュールを管理できていると感じるための単純で強力な手段に、調節可能な締め切りを先延ばしするというものがある。これは簡単そうに聞こえるけれど、私たちは締め切りの延長を求めるのを避けることが多い。なぜなら、あまり有能ではなく、やる気がないように見えてしまうことを心配しているからだ。

　ところが、私たちはそんなふうに思われる可能性を過大評価していることを、私のデータは示している。[25] 私たちが、締め切りが過ぎる前に、課題に取り組む時間の追加を求めているかぎり、じつはたいていの上司はその願いを受けたときのほうが、私たちにはやる気があると思う。同僚や上司は、嫌な顔もせずに延長を認めてくれる可能性が高い。逆に、ストレスを感じていながら、締め切りの融通が利く課題に、もっとかける時間を求めなかったときには、出来栄えがいまひとつのまま提出することになる。自分でも満足がいかないし、同僚や上司もがっかりさせてしまう——それこそ、避けようとしていたことにほかならないというのに。

　締め切り延長の依頼には、別のかたちのものもある。何日か休暇を申請してストレスを発散し、仕事に戻ったときには思う存分、力を発揮できるようにするのだ。燃え尽きてしまったら、良い仕事はできないし、やる気も出なくなる。[26] 雇用者にとっても、数日間の有給休暇のほうが、あなたがきちんと仕事をこなせなかったり、挫折して退職してしまったりするよりも望ましい（そして、コストがかからない）[*27]。

　このような、追い詰められた状態に陥った人の１人がワンダで、彼女は癌専門医のオフィスのアシスタントとしての仕事に、すっかり参ってしまっていることを私に打ち明けた。週４日という条件で給料をもらっていたけれど、患者が増えて、それに対応するために、しばしば週５日働いていた。休憩時間もとれないし、週末や祝日も勤務することが多かった。

　成人している娘のリーアはワンダに、何時間も余計に働いているのだから、なぜ昇給を求めないのか、なぜ少なくとももっと休ませてくれるように言わないのか、と尋ねた。「先生を困らせたくないのよ」とワンダは娘に答えた。「先生が、どんなに忙しい思いをしているか、わかっているから」。本当は、そんな要求をしたら、仕事ができない人だと医師に思われてしまうのが心配だったのだ。ワンダは、他に選べる働き口がほとんどないときに、解雇されることを恐れていた。

　数カ月後、リーアはワンダがリビングルームのテーブルの前で疲れ切って泣いているのを見つけた。２人で出かけて土曜日の午前を楽しむ前に、どうしてもあと何時間か使って仕事を片づけておこうとしていたのだった。

もう限界だった。ところが、ワンダは昇給も休暇も求めるつもりはなかった。辞めることにした。リーアが入ってきたとき、ワンダは辞表を書いていた。リーアは母親に、それとは違う道を選んでほしかった。そこで、もっと穏やかなメールを書くことを提案した。

ワンダはリーアの助けを借りながら、毎週、無報酬で8~10時間余計に働いているという事実をそのメールで伝えることにした。そして、その分も給料を払ってもらうか、あるいは、5日間の有給休暇をもらって、これだけ長い時間余計に働いた疲れを癒やすかしていいのではないかと感じていることを書き記した。

すると、医師からすぐに返事が来た。それほど多く余計に働いているとは、夢にも思わなかったという。そして、今後、超過勤務の時間の分を全部請求するようにワンダに頼んだ。そのうえ、ワンダはただちに5日間の有給休暇を与えられた（しかも、スパ用のギフト券もいっしょに！）。ワンダが休暇を楽しんでいる間は、代わりのアシスタントを見つけて穴埋めしてもらうそうだ。それから2人は、日時を決めて相談し、パートタイムのアシスタントを雇って週に1日手伝ってもらう可能性を検討することにした。

ノーと言うことに対するワンダの恐れは、無用のものだったことがわかった。医師ががっかりするだろうというワンダの恐れは、間違っていた。タイム・リッチになることについて私が面接した人のほとんどが、昇給を求めて交渉できるのと同じように、仕事での時間を求めて交渉する選択肢もあることを忘れていた。

昇給と同様に、締め切りの融通や休暇を求めるべき

恥ずべき話だけれど、雇用者は従業者に、締め切りが融通の利くものかどうかや、もっと多くの有給休暇を求めることが可能かどうかを伝えない場合が多い。その結果、下級の従業者や女性といった、とりわけタイム・プアな人々は、より多くの時間を求める可能性がいちばん低い。けれど、求めるべきだ。交渉の研究者たちは長年にわたって、従業者が昇給を求める最善の方法を探ってきた。従業者は、時間についても同じぐらい積極的に交渉できるし、そうするべきでもある。[*28] 経営者がどれほど理解があるかを知ったら、あなたは驚くかもしれない。実際には、従業者を失うコストは、短い休暇や少額の昇給を与えるコストよりもはるかに大きい。ワンダが仕事を辞めたくなかったのと同じぐらい、医師もワンダに辞めてもらいたくはなかった。医師がワンダに望んでいたのは、事務作業をてきぱきとこなし、自分が大好きな仕事を楽しむ幸せな従業者でいてもらうことにほかならなかった。

もちろん、時間に融通を利かせたり、そのような従業者の求めを真剣に考えたりしたがらない職場もある。もしあなたが仕事を探しているのなら、時間に関する方針について必ず尋ね、そうした問題を考慮しない企業や、あなたの質問に戸惑っているように見える（あなたの時間の価値についてろくに考えたことがなさそうな）企業は疑ってかかるといい。それでも、この点であなたと進んで協調しようとする会社の数は、どの部門でも増えてきている。有能な従業者を求める競争が激化する中では、そうならざるを得ないのだ。従業者がタイム・リッチな生活を送れるように支援するというのは、強力な求人ツールとなりうる。

機会費用を評価する

ノーと言いやすくするためには、イエスと言うことの機会費用を思い出すといい。ネットワークづくりのためにあなたと食事をしたいという人にイエスと言うのは、食事の1時間と、レストランまでの往復時間や駐車場所を見つけるための時間にイエスと言うことだ。全部で2時間かかるなら、その時間でできたはずなのにしていないのは何か、と自問してほしい。そして、その食事の前後の時間には、どんな影響が出るのか？　慌てていくつか用件を片づけなければならないか？　その約束に間に合わせようとして、ストレスが増さないか？　そのあとの仕事にも影響が出ないか？

同様に、出張はけっして家を留守にする日だけの話では済まない。出かける前日には洗濯（30分）や、アイロンがけ（30分）、荷物の準備（20分）、パートナーや家族への説明（1時間）をしなければならない。これだけでも出発前に合計2時間20分かかる。[*29]初日は空港に行くまでに1時間以上必要だし、到着した空港から目的地までの移動にも時間をとられる（40分）。現地では予定していたよりも多くの会合があり、帰りの飛行機は遅い便になる可能性が高い。その便が遅延するかもしれず、翌日はくたくたになる。[*30]そして、荷物を片づけて、元の生活に戻るのにも、さらに時間がかかる。

自分のスケジュールを眺め、今後数カ月間の活動のプランを立てるときには、自分がイエスと言った活動にともなって生じる、この種のタイム・コストを必ず加えておこう。そうしたタイム・コストのせいでできなくなることを、5〜10書き出すといい。仕事で出張が多ければ、帰宅した日には、子どもにきちんと対応するだけの精神的な余裕がないだろう。家族揃っての朝食や、電話での会話、リサイタルの鑑賞などを逃す羽目になる。配偶者とのんびり夕べを過ごしたり、親友と酒場でイベントを楽しんだりすることもできなくなる。

大急ぎのランチ、仕事関連のディナー、出張は、些細なことに思えるかもしれないけれど、長い間には、社会の中での人間関係や健康に対して、見過ごせないほど大きな損失をもたらしうる。仕事関連のディナーや出張の中には、どうしても必要なものもある。それでも、1年にあと数回だけでも多くノーと言えば、望ましい変化が起こるだろう。

根本的な問い「なぜお金よりも時間を優先するのか」

第3章では、もっと時間的に望ましいかたちで毎日を過ごすための戦略を練り上げるときに、端的な理由を自分に問うように言った。どの瞬間にも、なぜ私はこれをやっているのか、と問うといい。今度は、もっと**根本的な問い**に取り組んでほしい。個人として長期的に何を大切にするかに的を絞った問いだ。その根本的な問いとは、なぜお金よりも時間を優先することが、自分にとって大切なのか、だ。

この問いに答えれば、自分の時間のより良い使い方を追い求める気になれる。答えは単純ではないかもしれないし、時とともに変わるかもしれないけれど、定期的にじっくり考えてみることが重要だ。

序章で告白したとおり、私はお金よりも時間を優先するのが苦手だ。労働者階級の出身であることがその一因で、我が家では所持金を増やすことを重視しているのが明らかだったし、余暇は怠惰だと教えられた。だんだん大きくなるにつれ、私は自分の時間の真価について、考えを改めようとしてきた――時間の使い道を把握し、もっと多く、もっと良い時間を手に入れる責任を自分に課し、根本的な問いに答えることで。

私にとって、この問いに対する答えには、いとこのマークとポールがかかわってくる。

私の一族は数が少なく、散らばっている。私には兄弟姉妹はいない。小さい頃、いとこのほとんどは結婚して子どもがいた。例外がマークとポールだ。何歳か年上で、私たちはよく、いっしょに面倒を起こしたものだ。２人は悪態のつき方を教えてくれた（ブリンク１８２というパンクバンドのアルバム「テイク・オフ・ユア・パンツ・アンド・ジャケット」やアニメ「サウスパーク」の再放送に基づいて受けた「教育」については、特によく覚えている）。マークとポールはオンラインデートやプロレスについても教えてくれた。いっしょにバカ騒ぎをしていないときには、２人の好きなサッカーチームや、間近に迫った私のサッカートーナメントについて、おしゃべりをした。

私のトーナメントについて話したのは、マークもポールもサッカーができなかったからだ。2人は6歳のとき、デュシェンヌ型筋ジストロフィーという、珍しくて恐ろしい遺伝性変性疾患の診断を受けた。マークとポールが生まれたとき、北アメリカには、この病気の子どもが複数いる家族はほんのわずかだった。私が自分で「サウスパーク」を観るようになったときには、2人は車椅子を使っていた。私が大学を卒業したときには、自分では呼吸ができなくなっていた。博士号を取得したときには、2人とも四肢麻痺になっていた。そして2年後、相次いで亡くなった。マークとポールは、私たちの人生がいかに限られたものかを思い知らせてくれる。それなのに私たちは、それがどれほど限られたものか、本当にはわかっていない。私は平凡なかたちで時間を過ごしたくない。ましてや、浪費はしたくない。

　ハーバード大学教授のダニエル・ギルバートは、『明日の幸せを科学する』（熊谷淳子訳、2013年、ハヤカワ文庫、他）でウィラ・キャザーの言葉を引用している。

「人は幸福を生み出す状況を予知することも予測することもできない。世界のどこか片隅で幸運な瞬間にたまたま出くわすだけであり、富や名声をしっかりつかんでおくように、幸せな日々もぎゅっとつかまえておくものだ」

　もし幸せにしてくれたり、目的を与えてくれたりするものがあれば、それを握り締めておく必要がある。できるかぎりのことをして、それを優先させ、大切にし、気を逸らされてつながりを断たれないようにしなければいけない。すべての人の人生が、ゆっくりと確実に過ぎ去っていく。絶えず気を逸らされる時代にあっては、注意深くプランを立てないと、大切な一瞬一瞬が、簡単に、不幸なかたちで流れていってしまう。

　だから私は、自分が仕事中にぼーっと作業していたり、何時間もスマホの画面をスクロールしたりしているのに気づいたときにはいつも、根本的な問いや、２人のいとこや、ゆっくりと過ぎ去ってしまう人生を思い出すようにしている。

　それどころか、簡単に思い出せるように、２人のいとこのイニシャルのタトゥーを、手首に入れているほどだ。あなたもここまでやる必要があると言っているわけではない。オフィスに写真を１枚飾ったり、机にメモを１枚置いておいたりするだけでも十分だ。ただ、私はマークとポールのイニシャルのタトゥーが手首に入っているおかげで、やる気が出て進み続けられるし、自分の時間を優先し続け、人生を自分のものにして責任をもち、望むとおりに生きていけるのだ。

　根本的な問いの答えを知れば、それが究極の動機づけとなり、望ましいかたちで時間の選択をし続けられる。少し時間をとって、あなたも自分の根本的な問いについて考えよう。それが終わったら、オフィスやリビングルームのように、自分が時間を浪費することが多い場所に、注意喚起のメモを貼っておくといい。何が重要か思い出す必要があるときにはいつも、簡単に目に入るだろうから。

＊＊＊

長期的にタイム・リッチになるためには、練習が必要だ。うまくいく時期もあれば、うまくいかない時期もあるだろう。何もかもうまくいっているように感じられる期間もあれば、時間に注意を向け続けるのが大変な骨折りのように思える期間もあるだろう。

それは当然予想されることで、かまいはしない。やり続けよう。あなたなら、できる！

いちばん嬉しいのは、おそらく、歳をとるほどうまくなることだ。年齢が高い人は、モーガンよりもテイラーに似る傾向があることが、調査からわかっている。彼らは金銭的に安定していることが多いので、時間を大切にしやすいのだ[*31]。それから、もう1つ。高齢になるほど残り時間が短くなる（歳をとるにつれて、時間が早く過ぎるような気がすることを示す研究もあるので、私たちは、時間の損失をなおさら痛切に感じるようだ[*32]）。加齢とともに、時間は文字どおり稀少で貴重になっていくため、お金よりも時間を大切にする決定を下すのが楽になる。[*33]

今何歳かに関係なく、あなたがこの章と前の章で手に入れたツールを使えば、毎日のどの瞬間にも、長期的にも、時間をうまく使って、より幸せになれる。

第5章では、あなたの上司にも、あなたを支援するためのツールを提供することにする。

第4章のツールキット

次の各ツールを使えば、人生を送るうちに迎える主要な決定をうまく下したり、そうした大きな決定を下すときに、長い年月にわたって自分の時間にどんな影響が出かねないかについて考えたりする助けになります。

タイム・リッチになるための5つの習慣

長い期間にわたってタイム・リッチな生活を送るのに役立つことが実証済みの戦略を、以下にまとめておきます。

●活動に変化をもたせる

機会があるときに毎回同じことをしていると、タイム・スマートな選択の効果は、時とともに小さくなります。タイム・リッチな活動のプランを立てるときには、1日の中でも、1週の中でも、さまざまなことをして時間を過ごすようにしましょう。

●ノーと言う

あなたがしばしば受け、時間のストレスを引き起こす類いの依頼には、応答のデフォルト設定をしましょう。やる時間がないだろうと思う依頼にはノーと言う練習をします。話し合いの依頼にはイエスと言い、行動の依頼にはノーと言うようにしてみてください。

●もっと時間を求める

多くの依頼には、厳しい締め切りがありません。もっと時間があれば仕事の質が上がると思ったら、時間を求めましょう。休暇が必要だったり、圧倒される思いがしたりしたら、上司に伝えます。

●機会費用を思い出す

何か（出張、追加の仕事のプロジェクトなど）にイエスと言うときにはいつも、家族と時間を過ごしたり、子どものサッカーの試合に行ったり、親の手伝いをしたりといった、他の活動にノーと言うことになります。ですから、イエスと言う前に、タイム・コストだけではなく、機会費用も計算すれば、検討している決定（たとえば、さらなる出張）には本当にやるだけの価値があるかどうか、判断する助けになります。

●根本的な問いを自分に投げかける

人生における重大な決定を下すときには、自分が何を大切にしているか、自問しましょう。あなたの目的はなんですか？　時間を優先することが、なぜあなたには重要ですか？　根本的な問いに対する自分の答えを思い出させてくれるものを、目につく所に置いておきます。そうすれば、その時々に下そうとしている決定が、自分の人生における全体的な目標や目的に沿ったものかどうか、あなたにとって本当に重要なことと一致しているかどうか、自然と考えるようになります。

人生の重大な節目のワークシート

図表4-1で、左の列には人生における重大な出来事をあげてください。特に、仕事を選ぶ、住む場所を選ぶ、結婚する、誰かと同居する、子どもをもつ、子犬を買う、家族の世話をするといった、お金がかかわるものをあげます。中央の列には、予想される決定がどれだけの時間を必要とするかを把握し、それらの出来事にともなうタイム・コストを書き出しましょう。たとえば、仕事の場合には、通勤時間や、出張の日数などです。結婚の場合には、プランを立てるのにかかる時間などです。

　タイム・コストを割り出したら、どうすればそれらのコストを埋め合わせられるか考えてください。違う決定を下すという手もあります。時間に投資する、時間を見つける、時間の捉え方を変えるといった、タイム・スマートな戦略にさらに注意を向けることもできます。右の列に、そうした戦略を書き入れましょう。

ノーと言うためのワークシート

あなたの時間を求める依頼にどう応じるかの方針を定め、ノーと言うプランを立て

図表4-1　人生の重大な節目のワークシート

人生の重大な出来事	推定されるタイム・コスト（日／週／年）	タイム・コストを埋め合わせる戦略

ましょう。たとえばモニカは、話し合いの依頼にはイエスと言い、行動の依頼にはノーと答えることにしました。そういうものでもかまいません。

図表4-2の上部にあなたの一般的な方針を書いてください。

その下には、誰かに時間を求められたときに、応じられなかったり、応じるつもりがなかったりしたときに使える標準的な答えをいくつか書き出しましょう。「忙しいから」「時間がないから」といった、時間を理由にした返答は望ましくないことを、忘れないようにしてください。あまり好感がもてないとか、信用できないとか思われてしまいがちなので。

もっと時間を求めるためのワークシート

ノーと言うためのプランを立てるのに加えて、必要なときにはより多くの時間を求めるためのプランも立てましょう。ワンダのように、有給休暇というかたちで上司にもっと時間を求めることもできます。どんなときに、どんなふうに、より多くの時間（仕事中の、あるいは仕事以外での時間）を求めるかを決める、一般的な戦略を**図表4-3**の上部に書いてください。

図表4-2　ノーと言うためのワークシート

ここにあなたの一般的な方針を書いてください

ノーと言う理由　その1

ノーと言う理由　その2

ノーと言う理由　その3

図表4-3　もっと時間を求めるためのワークシート

ここにあなたの一般的な戦略を書いてください

もっと時間を求めるときの理由　その1

もっと時間を求めるときの理由　その2

もっと時間を求めるときの理由　その3

次に、課題を達成するためにもっと時間が必要なとき、それを求める標準的な理由をいくつか書き出しましょう。締め切りのずっと前にお願いしたり、もっともな理由からお願いしたりしたときには、時間の猶予を与えてもらいやすいことを、念頭においてください。ノーと言うときと同じで、ただ「時間がないので」と言うだけでは、真っ当な理由と見なされないでしょう。

根本的な理由のワークシート

なぜお金よりも時間を優先することが、自分にとって大切なのかという、根本的な問いに対する答えを**図表4-4**の上段に書いてみましょう。

あなたの答えは、時間がどれだけ貴重かを思い出させてくれるような人生の出来事の場合もあれば、時間を浪費しないように求めるような長期的な目標の場合もあるでしょう。つまらないかたちで自分の時間が使われているのがわかったときには、この答えを動機づけとして使ったり、お金より時間を大切にすることの重要性を思い出すために使ったりしてください。最後に、根本的な問いに定期的に立ち戻り、必要に応じて答えをアップデートします。

図表4-4 根本的な理由のワークシート

[根本的な問い] なぜあなたは、お金より時間を優先するのか

[根本的な問い] への答えを思い出せるようにするアイデア

その次に、自分の根本的な理由を日常生活で思い出せるようにするためのアイデアを書き出してみましょう。私は忘れないで済むようにタトゥーを入れましたけれど、自分にとって何が本当に重要かを思い出させてくれる写真を1枚、オフィスの壁に掛けておくといった簡単なことでも、もちろんかまいません。

第5章

Systemic Change

システム変更

時間は最も貴重なものだ
――みなさんにもっと提供する方法がないか、検討しよう。

――ハーバード・ロースクール教授、キャス・サンスティーン

この本はあなたのためのものだから、これまではあなたに的を絞ってきた。あなたが自分の時間をどうするか、何を変えられるか、それをどう変えられるか、という具合に。

企業や政府はタイム・プアをうっかり呼び込む

ところが、あなたがタイム・プアに感じているのは、あなただけのせいではない。社会の構造がタイム・プアを招くようにできている。私たちが所属する組織や、人的資源に関する組織の方針、公的機関とその構造も、このタイム・プアという現代の悩

みの大きな原因となっている。[*1]そしてこれらは、あなた自身を変えられるのと同じぐらい、大きく変えることができる。この最後の章は、そうした組織などのためにある。

具体的に言うと、この章は、従業者や一般市民のために時間を重視する方針を生み出すことにリーダーたちを携わらせるという、より広範な試みに、あなたにも協力を求めることを目指している。この章は、他の章とは感じが違うだろう。それはこの章が、あなた自身が変化するのを助けるのではなく、変化を求める主張を行なうために書かれているせいだ。私には、この章を含めることが重要に思えた。なぜなら、誰もが時間不足で困っている状況は、リーダーや政府の助けなしでは改善のしようがないからだ。この章に付箋でもつけて、人事部長や地方自治体の指導者に、ぜひ渡してもらいたい。

＊＊＊

企業や政府は、タイム・プアな状態をうっかり持続させてしまう。意図的にそうすることもある。アメリカの企業は毎年１０００億ドルに相当する従業者の時間を浪費し、政府は国民に合計97億８０００万時間もかかる事務手続きを課す。[*2]たとえばアメリカでは、連邦政府学生援助無料申請や低所得者医療扶助制度や補助的栄養支援プログラムといった「無料」のプログラムは、受給資格のある人に長く煩雑な事務手続きを求めるので、「時間税」を課しているのに等しい。[*3]

世界に目を移すと、国際的な支援プログラムでは、援助が必要であることを「証明」するためには、希望者は何マイルも歩いてくるように求められる。[*4] 非営利組織が、食糧支援を希望する人々に、4マイル以上歩いてくるよう求めていたことが、ある調査でわかった。通常は1マイルしか要求されていなかったのだけれど。距離が増えたため、食糧支援を必要としている人は、実際に支援を受けに来る数が減ったけれど、もっと豊かな人は来る数がそれほど減らなかった。[*5]

ますます騒々しくて、込み合い、忙しくなる世界では、私たちが時間を大切にしてもっとタイム・リッチになるのを、さまざまな組織や制度が助けることができる。企業は、従業者が休暇をとるのを称賛するべきことと見なす後押しができる。政府は、国民が職場の近くに住めるように助成金を出すことで、彼らが時間を節約するのを手伝える。新しいテクノロジーを使えば、人々はオンラインで配信されるニュースを遮断したり、通勤を調整したり、雑用や家事をもっと安く手軽に外注したりしやすくなる。組織や制度が従業者や国民をもっとタイム・リッチにするのを引き留めているものなど何もない。リーダーがそれを実現させる決定を下すだけでいいのだ。

仕事の方針——時間の浪費は怒りとストレスを増大させる

現代の私たちが**時間の欠乏に苦しんでいる最大の原因は、おそらく仕事のデジタル化**だろう。デジタル化によって、職業はこれまでにないほど不安定になった。デジタル化の影響を乗り切るために、多くの従業者が高額の費用をかけ、借金をして、自分の技能を磨いた。その借金に加えて、変動の激しい市場で職を失う恐れが出てきたため、私たちは時間を犠牲にしてお金を稼ぐことを、なおさら重視するようになった。**職場のデジタル化を可能にしたツールで、私たちの時間は細かく引きちぎられた。**そのどれもが、私たちを仕事に引き戻し、タイム・リッチになる活動から遠ざけかねない。仕事が私たちの頭の中でこれほど大きな位置を占めたことは、これまでなかった。

仕事は私たちの時間を浪費するのにも長《た》けている。ハーバード・ビジネススクール教授のテリーサ・アマーブルとテキサス大学オースティン校教授のアンドルー・ブロドスキーは、弁護士、経営者、兵士など、29の職業の1000人以上の従業者を調べた。すると、78%以上が、彼らの組織は会議や任務の合間に手持無沙汰にすることで、「自分の時間を徹底して浪費した」と答えた。こうした非生産的な時間を賃金に換算すると、毎年１０００億ドルを超える浪費になった。[*6]

職場は、不必要な事務を課すことでもタイム・プアを招いている。医師は１週当たり８・７時間（1年当たり約18日）を、請求書の作成や記録管理に費やしており、この時間は過去10年間で倍増した。[*7]

経営陣は、１９６０年代には会議に縛られて毎週10時間過ごしていたけれど、今ではそれが平均23時間（1年当たり48日！）に達している。[*8]

自分のスケジュールを完全に思いどおりにできるはずのＣＥＯたちも、自社のミッションに「何一つ貢献しない」活動のために、勤務時間の57%を「浪費している」と報告する。[*9]

そして、そう感じているのは高給の専門職の人だけではない。平均的な所得者（年収約5万ドル）７００人以上を対象とする調査では、９９・９%が、日頃から、不要の電話やメールや事務の処理といった重要でない仕事に追われて時間を無駄にしていると答えた。[*10]

時間の浪費はストレスも生む。コーリーというある従業者は、仕事に関連した自分の最新の陰謀論を語ってくれた。彼は、自分の上司が毎週、やる必要のない仕事を生み出すというただそれだけのために、会議を開いていると思うのだ。そんな会議の1つでは、同僚のヘザーはあまりに苛立ち、手のひらに爪を立てて、ついには出血するほどだった。金切り声を上げるよりは、血を流すほうがまだましだったのだろう。与えられた仕事の馬鹿らしさといったらなかった。廃止された職場の方針について、（ほぼ確実に）誰も読まないだろう50ページの報告書を作成しろと言うのだから。

職場でくだらない仕事を苦労してこなすことを強制されたときには、それがなければできていただろう他の用件が頭に浮かんできて、時間のストレスがなおさら増す。私たちはその機会費用をひしひしと感じる[*11]。なんであれ、その不快な仕事をしているせいで、肝心の仕事（たとえば、患者を診る、顧客の便宜を図る、問題を解決する）ができない。だから思ってしまう。自分の時間を費やしてもっとやり甲斐のあることができるときに、なんでわざわざ死ぬほど退屈な仕事をやっていなければならないのか？

これに関するリーダーへの助言は明らかだろう。時間を浪費するような活動は、やらせてはならない、だ。そうした、時間を無駄にする活動を見極めて、代わりにタイム・リッチになれる活動を与えられれば、なおいい。たとえば、誰もが無価値だと思っている毎週の会議を廃止して、その時間は強制的に「屋外で散歩」させる。空き時間は、仲間との交流に使わせる。退役軍人のチャンドラー・マイアーズが、こんなことを話してくれた。

「同僚とランチを食べるといった簡単なことが、途方もなく重要になりうる。同僚がこれを推奨し始めると、私はやる気が出たし、チームの士気も高まった。あらゆる任務がやりやすくなった。なぜなら、ちょっとした人づき合いのできる休憩がとれるとわかって、みな楽しみにしていたからだ」

金銭的なインセンティブはお金中心の思考を募らせる

従業者が自分の時間をどう認識するかを方向づけるうえで、人事の方針は重大な役割を果たす。金銭的なインセンティブを与えるというのは、業績を向上させる基本戦略で、効果がある——ある程度までは。とはいえ、生産性の向上の恩恵を帳消しにして余りあるほどの損失をもたらしかねないことが、今ではわかっている。

私が共同研究者たちと大量のデータを分析してみると、業績に基づくインセンティブ制度は、従業者の時間の使い方を変える力をもっているかもしれないことがわかった。[*12] 業績に応じて報酬をもらっている従業者は、友人や家族といっしょに過ごす時間が毎日2%少なかった。一方、顧客や同僚との接触に費やす時間は3%多かった。この違いは、彼らが何時間働いているかや、どんな業界で働いているかには関係なかった。この差はわずかに思えるけれど、あっという間に積み重なっていく。これは、幸せを生み出す、人との個人的なつながりにかける時間が約30分少なく、幸福感を増してくれることのない同僚やクライアントなどとのつながりが約45分多いことを意味する。手早く計算してみると、これは友人や家族と過ごす時間が1年当たり１２０時間（5日）少なく、クライアントや同僚と過ごす時間が8日多いということだ。

この影響は、固定給ではない従業者にとってはとりわけ有害だ。[*13] 時間給制の従業者のほうが、時間をお金と同等と考えやすく、時間の浪費や節約、「有益」な使い方に関心が強い。[*14] ある弁護士は、こんなふうに説明してくれた。

「時間制で料金を請求すると、時間との関係が悪化します。1時間、何か仕事以外のことをしたら、あとでその時間の分の返済をしなければならないように感じることがよくあります。ですから『時間の負債』を抱え込んでいるような気になるのを避けるために、余暇なしで済ませることもしょっちゅうです」

パーソナルトレーナーのジョンは、タイム・イズ・マネーという考え方に、やる気をおおいに削がれることを説明してくれた——大好きなキャリアにおいてさえも。

「かつて働いていた会社では、いらっしゃるお客様はすべて数として考えるように指示されていました。上司に言われたものです。『ジョン、単純な話だよ。お客が多くやってくるほど、そして、頻繁にやってくるほど、儲かるんだから』と」。ところが、ジョンは人（運動を通してフィットネスの目標を達成するために彼の助けを求めてやってくるお客）をお金と見なすのが嫌でしかたなかった。「人はお金という、この考え方のせいで不安になりました。押しつけがましく思われるのが嫌で。そのため、クライアントに話しかけるのをやめました。このトレーナーは、お客の目標達成を心から願っているのではなく、お金がほしいだけなんだと思われはしないかと心配だったんです」

半年後、ジョンはそのジムをやめ、歩合制ではない、もっと小さいジムで働くことにした。皮肉にも、彼の売り上げは4倍になった。「もう、どのお客からもできるだけ多くのお金を絞り上げることばかり考えなくて済むので、自分がいちばん得意なこと、つまり、強化トレーニングでお客さんの力をつけることに、もっと注意を向けられます」。社会的関係を育むことを重視するように従業者を促せば、間違いなく彼らのストレスを減らせるけれど、収益も上がりうるのだ。

請求や報酬を重視する立場を変更するだけでも、組織が人事部門のためのプランを立てるうえで、大きな恩恵になるだろう。社会はすでに、まんまと私たちにお金を過剰に重視させている。だから、従業者は自分の時間をお金と考える理由など、もうこれ以上必要ない。従業者の時間をお金と結びつけないようにしてあげよう。それがタイム・リッチな生活を手に入れるのを支援する第一歩となる。

人事部門の責任者がとれる戦略は他にもたくさんある。

従業者に有給休暇で報いる

職場は、従業者に時間で報いることによって、彼らが時間を見つけるのを助けられる。アメリカでは、民間部門の従業者の４人に１人が有給休暇をもらっていない。[*15] とはいえ、有給休暇と無給休暇を与えられて（それをすべて使って）いる従業者は、そうでない従業者よりも熱心で、創造的で、生産的であることがわかっている。[*16] 彼らは仕事からより大きな意義と満足を引き出す。[*17] ほとんどの従業者は休暇のあと、疲労が減って元気になったように感じると報告し、日々の経験を積極的に味わう。[*18] 短い休暇でさえも、最長2週間にも及ぶ恩恵をもたらしうる。[*19]

1回の長い休暇は、何度もの短い休暇ほど有益ではないので、人事部門は従業者たちが短期休暇をとるのを助けたり、オフィスを短時間離れる機会を与えたりするべきだ。[*20] 14万８０００人を対象としたある調査では、定期的に休暇をとる人しか、休暇の恩恵には浴せないことがわかった。[*21] それは、休暇から得られた幸福感は2週間たつと消え、従業者は過密スケジュールに戻り、頑張り過ぎて、燃え尽きてしまうからだ。[22]

企業は休暇を提供するのに加えて、必要な手段をすべて講じて、従業者にその休暇をとらせるべきだ。休暇を消化しないというのは、アメリカでよく見られる社会悪だ。ある調査では、75%の従業者が有給休暇を消化し切れていなかった。[23] 毎年合計で7億日の休暇——仕事ではなくタイム・リッチな活動に使うことができる56億時間——が取得されない。[24] これはまた、厖大な幸せが手つかずになっているわけだ。

そして、それは経済も減速させる。**研究者の推定によれば、未消化の休暇のせいで、毎年２５５０億ドルが経済から取り去られるという**。これがどれほどの額かを実感しやすくするために、コンサルタントたちの推定を引こう。２０１９年にアメリカで買われた車の代金の合計は、４６２０億ドルだったそうだ。[25]

そのうえ、従業者は休暇をとったときでさえ、その一部を仕事に費やす義務があるように感じる。アメリカのほとんどの従業者は、休暇の最中にも働かざるを得ないと感じている（こんにちは。今、メイン州ポートランドにいます！）。[26] 休暇中に働くとストレスが増し、タイム・コンフェッティが生まれ、従業者は２つの世界と２つのマインドセットの間を目まぐるしく往復する羽目になる。

雇用者のみなさんは、休暇をとらない従業者に言ってほしい。

「もし上司がある朝、あなたの机の上にどさっと大きな札束を置いていったら、それに手をつけずに立ち去りはしないだろう。それなのに、有給休暇をとり切らなければ、まさにそうしているわけだ——何千ドルもの価値がある、時間という贈り物に手をつけずに立ち去っているのだから」

あるいは、従業者に休暇の取得を強制することもできるだろう。これは極端な例だけれど、航空業界向けのマーケティング・コンサルティングをするシンプリフライング社のCEOのシャシャンク・ニガムは、7週間ごとに1週間の休暇（有給）を従業者に強制的にとらせた。そして、仕事との接触を断つことも強いた。もし従業者がオフィスのメールやスラック、その他、仕事関連のコミュニケーション・プラットフォームのどれであれチェックしたら、ニガムは給料を取り上げた。同社は、休暇は義務だと、本気で言っていたのだ。それで、どうなったか？

休暇のあと、従業者の創造性は33％高まり、幸福感は25％上昇し、生産性は13％上がった。このちょっとした実験を行なったあと、シンプリフライング社は、もともとのプランにいくつか修正を加えた。今ではとる義務があるこの休暇は、8週間ごとに1週となり、同じプロジェクトに取り組んでいる従業者どうしは連続して休暇をとれない。こうした小さな変更を除けば、同社は当初の方針を今でも貫いている。[*27] けっきょく、従業者が十分に休養をとれるようにしても、企業に害はない。むしろ、企業は成功を収めるのだ。

休暇は精神保健の問題の解決にもつながる。働いている成人の代表として３３８０人を対象にした調査では、有給休暇を10日多くとると、報告されたうつの症状が全体では平均で29％、子持ちの女性では38％減った[*28]。

「短い時間」という報酬を提供する

業績を認める少額の賞与の代わりに短い時間という報酬を与えれば、これまた人事部門がタイム・プアと闘う助けになる。ときどき２００ドル分の金券を与えるのに替えて、タスクラビットやウーバーのようなサービスを通して、従業者が自由時間を得られるようにお金を出してあげるようにするのは望ましい変更で、その分、従業者はタイム・リッチになれる。

ただし、彼らがそのサービスを利用すれば、だけれど！　じつは、休暇の場合と同じで、従業者は時間を節約できるサービスの引換券もあまり利用しない。２０７の企業（従業者20万人）のデータからは、時間を節約できるオプションを報酬として提供する企業は80社に満たないことがわかる。それらの企業では、従業者の３・２％しか、時間を節約できる報酬を利用しなかった。一方、本のような物品と引き換えられる報酬は、67％の従業者が利用した。[*29] これは、従業者が時間を節約できる報酬を贅沢過ぎると見なすことが多いからではないかと思う。特に、現金やギフトカードで物品を購入できる場合と比較したときには。

この嫌悪感を解消できるかもしれない方法には、従業者の報酬の使い道を、望ましい時間に的を絞った決定に限るというものがある。スタンフォード大学の研究者たちが行なった予備研究では、医師たちに、時間を節約できるクレジット（サービスの引換券）を報酬として与えた。同僚を手伝ったり、進んで代講を引き受けたり、学生の育成のためにメンタリングをしたりといった、いつも正式に価値を認められるとはかぎらない仕事をした医師たちに、クレジットを与えたのだ。[*30]

ある医師は、次のように述べている。

「誰かの代講を引き受けたら、クレジットがもらえ、それを食料品や雑貨の注文に使えます。私は店まで行く時間がないからです。そのクレジットは、助成金の申請書を書くのを手伝ってもらったり、講演をするときにプレゼンテーションの手助けをしてもらったりするのにも使えます。クレジットは、時間を取り戻すうえで、本当に役立っています」

ある医師は、出産後の妻を助けるために、クレジットを使った。別の医師は、自分がオフィスを不在にしている間、その穴を埋めてくれることになっている同僚に、クレジットの一部を譲った。[*31] 思いがけずこうしたクレジットをもらった医師たちは、ワークライフバランスが向上し、仕事を辞めたいという気持ちが薄れたことを報告した。

　時間の節約になるサービスの引換券を従業者に利用させるには、時間に基づく報酬に金銭的価値を付与するという方法もある。[*32] 従業者が有給休暇をとったり、時間を節約できる報酬を利用したりしやすくするには、企業は従業者の金銭第一というマインドセットに訴え、時間の節約を金銭的なもののように見せることができる。シリコンバレーのある人事部門の責任者は、私に次のように言った。

「給料は低いけれど休暇が長い傾向にある仕事に、うまく人を応募させようと思ったら、給与だけではなく報酬パッケージ全体を提示するべきです。医療や育児の補助、交通費の支給、休暇、病気休暇の価値を示し、それを全部計算するといい。そうすれば、彼らは自分に本当はどれだけ支払われているかがわかるでしょうから」

　非金銭的な報酬に金額を添えると従業者の関心が高まるかどうかを試すため、私は共同研究者たちとともに、３０００人以上のアメリカ人を対象に、８つの調査を行ない、従業者の候補者たちに、次のほぼ同じ仕事のどちらかを選んでもらった。

- 10万ドルの給料と2週間の休暇
- 9万ドルの給料と3週間の休暇

すると、4分の3の人が給料の高いほうの仕事を選んだ。一方、休暇を給与に換算して提示するという方法も試した。

- 10万ドルの給料と2週間の休暇（給料3846ドル分に相当）
- 9万ドルの給料と3週間の休暇（給料5192ドル分に相当）

すると、給料の高いほうの仕事を選ぶ人の割合は50％に落ちた。有給休暇以外の恩恵（たとえば医療）を示し、金銭的な価値を添えたときにも、同じような効果が見られた（ただし、新入社員向けの給料が低い仕事では、効果がないようだ。そうした仕事を行なう従業者は、金銭への関心がはるかに高いからだ）。

このように、**時間をお金として売り込むのは、とても重要な人材募集戦略らしい**。

求職者は、そのような戦略をとる雇用者は従業者のことを心から気遣い、ワークライフバランスに配慮していると思う、と報告したからだ。

　そして、企業はさらに別の恩恵にも浴することができるかもしれない。多様性の向上だ。女性は、多忙な仕事も男性に劣らずこなせるけれど、そうした仕事はあまり望ましくないと見ていることが多いのだ[*33]。だから、単純でコストがかからないこの戦略を使えば、企業はもっと家族に優しく見え、従業者が提供された有給休暇を全部とったり、時間を節約できる報酬をすべて利用したりするのを許すように思われるので、多くの女性が就職を希望するだろう。

　この本は、性別にかかわる問題を意図的に強調するつもりはない。それは、お金よりも時間を大切にすれば女性だけでなく男性も恩恵を受けることが私にはわかっているからでもある。とはいえ、調査結果からは、人事部門の時間に関連した慣行からは女性がとりわけ恩恵に浴しやすいことがうかがわれる。女性が相変わらず育児の大半を担っていることを考えるとなおさらだ。

従業者にもっと時間を求めることを許す

　従業者は、有給休暇を使わないように強いられていると感じている。同様に、職場でももっと時間を求めたがらない。自分が無能でやる気がないように見えるのを恐れているからだ。私は共同研究者たちと、従業者と経営者を対象とした調査を10回行ない、タイム・プアに感じている従業者は、締め切りが調整可能なときでさえ、延長を求めるのを避けることを発見した。求められた課題にあと数日かけさせてくれるように頼むよりも、不出来な仕上がりのまま提出したがるのだった。[*34]

当然ながら、締め切りの延長を求めるのを避ければ、従業者の成績は落ちかねない。私たちはある実験で、ビジネススクールの学生に、小論文を書く課題を与え、締め切りは柔軟に設定した。もし学生がもっと時間を必要としたら、指導教官にメールを送って延長を求めることができ、それで評価が下がることはない。延長を求めた学生は、質の高い小論文を提出し、高い評価をもらった（採点した教授は、誰が締め切りの延長を許されたかは知らなかった）。

女性や下位の従業者はもっと時間を求める可能性が特に低い。そうした願いがどのように受け止められるか、心配しているからだ。この傾向は、女性や若い従業者のほうが職場での地位が不安定で、人間関係を重視していることを示すデータと結びついている。

願い出るのを控えるこの傾向をなくすためには、そうした依頼を当たり前のものにすることが肝心だ。広い意味で、仕事と生活の要求のバランスをとるために、もっと時間を求めてもかまわないという事実を伝えることが重要になる。仕事に圧倒され、このままでは絶対に時間が足りないと密かに思っている従業者には、それはけっしてあなただけではない、と言ってあげる必要がある。

締め切りの延長の依頼（と、休暇願い）は、メールや一対一の会話で、内々に行なわれることが多い。その結果、従業者はそうした依頼がどれほど多いか、過小評価している可能性が高い。また、他の従業者が同じようなストレス要因をどれほど多く経験しているかも過小評価しがちだ。

雇用者は従業者に、そういう依頼をするのは彼らだけではなく、時間を余計にかけるのはごく普通であることを知らせる必要がある。締め切りの延長を認めるのはありふれていることを伝えるのは、無能でやる気がない人間として槍玉にあげられるのではないかという従業者の恐れを和らげる、簡単で効果的な方法になりうる。

締め切りがどれほど厳しいのかは曖昧なことが多い。そのため、従業者は締め切りが変更可能かどうか知らないかもしれない。このような曖昧さに直面すると、たいていの従業者は、締め切りが変えられないといけないので、もっと時間を求めることを避ける（繰り返しになるけれど、女性や若い従業者は特に避けることが多い）。課題を与えるときには、上司は締め切りが調整可能なものかどうかを、はっきり伝えるべきだ。

従業者に好きな場所で仕事をさせる

いつどこで仕事をするか（別の町だろうと、夜中だろうとかまわない）を従業者に決めさせる企業では、従業者は幸福感が強く、より生産的で、退職率が低い[*35]。私の同僚のプリトウィラジ・チョウドゥリが行なった調査では、どこでも好きな場所で仕事をしてもいい従業者は、いつ仕事をしてもかまわないものの、オフィスの近くに住むことを求められる、従来型の在宅勤務をしている従業者よりも、生産性が４・４％高かったことがわかった。チョウドゥリの調査チームは、この生産性の向上を活かせば、毎年アメリカ経済は平均で13億ドル分拡大しうると推定している[*36]。

この方針は、他にも間接的な恩恵をもたらす。従業者は、同じ給料をもらいながら、生活費の安いフロリダ州のような場所に移り住むことができたのだ。また、通勤時間も減った。この調査では、１人ひとりの従業者（合計６００人）の車での通勤が平均で84マイル減り、この調査をしている間に、排出ガスの量が４万４０００トン減少した。従業者は、自分の時間を前よりうまくコントロールできるようになったのだから、ストレスも減り、幸福感も増したことだろう。

もちろん、これらの従業者は、そうした勤務形態が可能な仕事に就いていたからこそ、この戦略が使えた。そして、この戦略には欠点もあった。自己裁量に任される感覚が嫌だったり、職場の社会的なつながりがなくなってさみしく思ったりする従業者もいた。職場で働く時間を設ければ、上司や同僚との強い信頼の基盤を築く助けになると、研究者たちは主張している。

一方、昔からの大学教授の特典である長期有給休暇が、企業の間でもしだいに人気が高まっている。初期段階の調査は、長期有給休暇からは従業者と企業の双方が恩恵を受けることを示している。

人事部門と職場の責任者はマインドセットを変えざるを得ない。不愉快かもしれないけれど、データの裏づけがあるのだから当然だ。従業者がタイム・リッチになるのを助ければ、より有能で忠実な従業者を獲得できる。経営者はつい忘れてしまいがちだけれど、多くの休暇をとる（そして、必要に応じて締め切りの延長を求める）従業者ほど幸せで生産的であることを、最高のデータが示しているのだ。

＊ ＊ ＊

タイム・リッチになることを促す仕事の方針について、最後にもう1つつけ加えておこう。それは、**リーダーシップが不可欠**である、ということだ。経営者は率先して行動して、時間を緩やかにする傾向を導かなければならない。経営者が、「最初に話し合って決めたよりももっと時間をかけ、じっくり考えて、あなたの提案に応じたい」と言えば、従業者も締め切りの猶予を求めやすくなる。

経営者は、休暇中に仕事をしたり、休暇をとらなかったりといった悪い習慣の改善についても、お手本を示すことができる。経営者が休暇をとっているはずのときに仕事関連のメールを送ったりすれば、部下もどんなときにも対応できる態勢でいなければならないという強いメッセージを発することになる。だから、そういうことはしてはならない。

もし経営者が従業者に、夜遅くや朝早く、あるいは週末にメールを送るなら、そんな非常識な時間にメールをする理由と、返信の必要性の有無をはっきり示す必要がある。私は苦い経験からこれを学んだ。旅行中、午前3時に自分の研究チームに（うっかり）メールして、パニックを引き起こしてしまったのだ。学生の1人はすぐに別の学生にメールを送り、私が即答を求めているのかどうか尋ねた。緊急ではないメールのせいで、彼らは眠れなくなってしまった。私は自らが範を示すべきだった。メールの冒頭に、「私は旅行中です。いつも仕事に取りかかる時間まで、このメールは無視してください」と書き添えておくべきだった。あるいは、そんなメールはそもそも送らないほうが良かった。電話と違って、メールは当事者間の同時のやりとりではなく、相手の注意をただちに求めはしないから——そして、求めるべきでもないから——こそ意味があるのだ。

公共政策——タイム・プアの負担を減らす

時間を節約するモノやサービスの購入から最も大きな恩恵を受けるのは、収入が最も少ない人であることが、データからわかっている。タイム・プアであることは、金銭的に貧しい人にとってのほうが深刻だからだ。[*37] 貧しい人のほうが豊かな人よりも、通勤したり、複数の仕事をこなしたり、サービスを受けるのを待ったりするのに多くの時間を使う。これは厄介なパラドックスだ。なぜなら、収入の少ない人のほうが、自由時間に投資する可能性が低く、時間を買う余裕がないと考えがちだからだ。**資金が乏しくても、時間を買い戻すために、自分が考えている以上のお金を費やすべきで**

あることを、私の調査が示している。

あいにく、私たちの社会構造は、このパラドックスを悪化させ、タイム・プアな状況から脱するためにいちばん助けを必要としている人に、タイム・プアな状況を引き起こしている。たとえばアメリカは、先進諸国の中で唯一、有給の出産休暇がない国であり、そのためほとんどの新米の母親は、病気休暇や有給休暇や有償のヘルパーを組み合わせながら、育児のための時間と、お金をどうやって見つけようかと、必死で頭を悩ませている。アメリカは介護に関しても、手当が最も少なく、行政の力の入れ具合も最低だ[*38]。

政府が国民のために、タイム・プアであることの負担を軽くする方法をいくつか見てみよう。

必要な事務処理を減らす

許可や認可、課税控除、助成金、教育援助、医療サービスを受けるためには、国民は書類に記入し、官庁まで出かけ、待たなければならない。ワシントンでは、最近実施された政策のせいで、メディケイド（低所得者医療扶助制度）の適用を受けたい人は、最多で31ページもの書類の必要項目をすべて記入しなければならない。そのため、貧しくて忙しい人は、この煩雑な事務処理をこなせなかった。その結果、この制度の適用を受ける必要がある、有資格の家族による申し込み数が大幅に減った。仕事のスケジュールの予想を立てるのが難しく、交通機関も当てにならず、保育サービスが見つかりづらく、多くのストレスを抱えた低所得のアメリカ人にとって、お役所仕事のハードルを越えるのは不可能になりうる。[*39]

ハーバード・ロースクール教授のキャス・サンスティーンは次のように主張している。

「過剰な事務処理を求められると、たんに時間がかかるだけではない。インフラの改善の妨げとなる。貧困を募らせる。経済成長を減速させる。人々の生活を根本から変えるような機会や恩恵へのアクセスを困難、あるいは不可能にさえする[*40]」

時間を節約するのを助ける

私はワーキングプア（低収入労働者）の間でタイム・プアの状況を改善する恩恵を調べるために、世界でも非常に大きく貧しいスラムの1つである、ケニアのナイロビのキベラで大規模な調査を続けている。

このスラムに暮らす女性たちは、毎週40時間を日常の雑用や家事などの無償労働に費やす。服を手洗いし、干して番をする（盗まれないため）のに、毎週最長で10時間かかる。女性が稼ぐ金額が1日当たり平均5ドルであるこのスラムの中にさえ、時間を節約するためのサービスの市場がある。そして、人々の時間の価値と、全国民がタイム・リッチになるのを支援する方法について、公共政策に携わるあらゆる公務員が学ぶべき教訓も、そこにはあるのだ。[*41]

キベラでは、女性たちはときどき自分の時間に投資する。1日の賃金の半分近くを支払って、他の人に洗濯をしてもらったり、服を近所のコインランドリーで洗濯してきてもらったりする。あるいは、他の人に野菜を買ってきてもらい、市場まで歩いて往復する時間を節約する。アメリカドルに換算して1日当たり5ドル未満でケニアで暮らしている、働くシングルマザーのグラディスは、次のように説明してくれた。

「誰かを雇って市場まで行ってもらえば、浮いた時間で休んだり、子どもたちともっと過ごしたり、自分のスタンドでもっと長く野菜を売ったりできます。私にとって、コストをかけるだけの価値があります」

こうしたサービスは（金銭的に苦労している女性たちにとってさえ）明らかに望ましいのにもかかわらず、貧しい人のための時間節約サービスは、援助の受け手の候補者たちによっても、支援プログラムを準備している政策立案者によっても、しばしば過小評価される。

　私は、政策立案者になることを目指してハーバード・ケネディスクールの公共政策プログラムで学ぶ40人の学生に、次の2つの援助策のうち、どちらが女性の福祉の改善に役立ちそうか尋ねた。働く女性が時間を節約できるようにする政策か、それとも、現金を支給する政策か？　時間を節約できるようにする政策のほうが効果的だと答えた学生は10％しかいなかった。現金を支給するプログラム、調理済みの食事を提供するプログラム、時間を節約するプログラムという、3つの政策プログラムをはっきり示して別の学生たちに選んでもらったところ、時間を節約するプログラムを選んだ学生はわずか4人（13％）で、87％が現金を支給するプログラムを選んだ。

　幸い、さまざまな非営利組織が、世界中の貧しい国で働く女性にとって、時間を節約するプログラムが重要であることに気づき始めている。2016年にはメリンダ・ゲイツがこの問題について「ゲイツ・ノート」を書き、「時間貧乏――誰も語ることのない格差」という動画を製作し、世界のあらゆる場所で、女性が男性よりも多くの時間を無償労働に費やしている事実を際立たせた。そして、「女性は［家事に］厖大な時間を費やしているせいで、人生全体が歪められている」と述べた。行動を起こすようにというこの呼びかけに基づいて、各種の非営利組織は、女性をタイム・リッチにし、その後、より高度な教育を受けられるようにすることを目指して、時間を節約するサービスを提供し始めている。[*42]

インドで私が協力している非営利組織のワンプロスパーは、毎日水汲みの往復にかかる6~8時間を不要にしてくれる雨水収集技術を提供する。この組織は、女の子の通学時間を縮めるために、自転車も提供している。この援助のおかげで、学校に通える女の子や女性の数が増えている。ボーミという13歳の女の子は、自転車と雨水収集技術を与えられたことに対して、次のように語ってくれた。

「水を汲まなくてもいいので、運んでくる骨折り仕事が減りました。今、第9学年で勉強しています。前は、歩いて学校に行くのはほとんど無理でした。自転車のおかげで人生が変わり、勉強を続けることができています。寄贈してくれた人たちのおかげで、私は字も読めるし、学校にも行けるし、全人生が一変しました」

休暇の取得を義務づける

歴史的に見て、ほとんどの政府の政策は、物質的繁栄を重視してきた。[*43] 国内総生産（GDP。国内で生み出された財とサービスの金銭的価値）のような指標は、社会の幸福の最大の指標と考えられてきた。なぜなら、政策立案者たちの間では、富が増せば幸福感も強まるというのが、一般的な考え方だからだ。ところが最近は、他の要因も国民の幸せを左右することに、各国政府は気づき始めている。自分の人生についてどれだけ楽観的に感じているかや、どれだけの大気汚染を経験しているか、社会の中にどれだけの所得格差があるかも重要なのだ[*44]。

　これまで政策立案者たちが見落としてきた要因が、どれだけタイム・リッチか、あるいはタイム・リッチでないか、だ。私は共同研究者とともに、72カ国のデータベースを使って、タイム・リッチの度合いと幸福感の関係を分析した。すると、仕事よりも余暇を大切にする国民の割合が大きい国のほうが幸せで、その国の政府の種類や、相対的な豊かさは関係なかった[*45]。

　お金を重視する国ではなく、時間を重視する国に暮らしている人のほうが幸せだった。それは、彼らが金銭的な懸念の影響をあまり受けなかったからだ。２００８年の金融危機のあと、アメリカのＧＤＰは４・３％下落した。これは、この本の執筆時点では、第二次世界大戦後、最大の縮小だ。この金融危機のあと、大《だい》うつ病性障害とストレスが増え、楽観と幸福感が減った[*46]。アメリカでも、世界中でも、仕事以外に意義を見つけ出し、お金よりも時間を重視している人は、幸福感の低下もストレスの増大も少なかった[*47]。

政策立案者は、国民をタイム・リッチにし、幸せを増進するために、時間とお金に関する国民の志向を変える方法がないかどうか、問う必要がある。私たちは、GDP以外のもので幸福を測定する方法を見つけ、その尺度の測定値を伸ばす策を講じられるだろうか？　生産性や消費支出を伸ばすためには、あれこれ手を打っているのだから（じつは、そのせいで私たちはタイム・リッチで幸せになるのを妨げられているのかもしれない）。

仕事よりも余暇を大切にする人の割合は、オランダの40％からタンザニアの1・2％まで、国ごとに大きな違いがある。より一般的に言うと、ラテンアメリカやアフリカのように、所得格差が慢性的に大きい地域や貧しい地域では、仕事よりも余暇を大切にする人が少ない[*48]。

こうした調査結果からは、時間を重視する決定を下すように国民を促す政策があれば、国民はより幸せになれることがうかがわれる。企業や団体では、従業者に有給休暇をとる動機を与えたり、家族休暇のための積極的な方針を実行したり、さらには、労働時間の短縮までしたりすることが、健康と幸福の増進に欠かせないかもしれない。「世界幸福度報告」で上位10位に入るスウェーデンのイェーテボリ市議会は最近、1日の勤務時間を8時間から6時間に減らした。この実験に参加した職員は、幸福感が増し、ストレスが減り、生産性が上がり、病気休暇をとることが少なくなった[*49]。

都市計画をアップデートする

いちばん時間を食うのが通勤だ。起業家のアスライン・ロドリゲスは、エンパワーバスという事業を始めて、十分なサービスがないコミュニティの従業者に、公共交通へのより良いアクセスを提供している[*50]。

雇用者の機関や職業紹介機関が資金の一部を提供しているこのサービスは、低所得の従業者に、（長いことが多い）通勤のための、信頼できる、時間どおりの交通手段を提供し、浮いた時間を彼らがタイム・リッチになれる用途、たとえば、授業を受ける（ハイスクールの最新の授業を受け直す、大学の講義を受ける）、技能を身につける、リラックスしたり音楽を聴いたりするといったことに回せるようにしている。以前はタイム・プアにつながっていた通勤が、突然、生活を豊かにするために使われるようになったわけだ。この事業は今、時間を見つけてそれに投資する能力を拡張し、バスに乗っている労働者に食料品や雑貨を配達している。こうして、買い物に費やす時間も浮き、低所得の多くの人に大きな恩恵をもたらしている。彼らは、安価で栄養のある食品へのアクセスが限られている、いわゆる「食の砂漠《フードデザート》」に暮らし、日々のかなりの時間を割かなければ、なかなか健康的な食生活を送れないからだ。

オハイオ州に住むある女性は、次のように説明している。

「私は車をもっていません。そして、近所には歩道がないので、店まで歩いていかないようにしています。でも、子どもの１人は特別支援が必要なので、薬局のある食料雑貨店に行かなければなりません。エンパワーバスのサービスが始まるまでは、毎月15回以上、タクシーで食料雑貨店に出かけていました。タクシーに乗ると、片道８ドルもかかるので、とても高くつきました」

エンパワーバスは、彼女を目的地まで運んでくれるだけでなく、食料品や雑貨を降ろすのも手伝ってくれる。ずいぶんお金の節約にもなる。毎日タクシー代に16ドル使うと、月に４８０ドル、１年当たり５７６０ドルかかり、これは彼女が１年間に払う家賃の３分の１近い。一方、バスは無料で、少しだけ多く時間がかかるとはいえ、食料品や雑貨を配達してくれるから、その時間のロスは埋め合わされる。

政府は、最もお得意のこともできる。つまり、罰則やインセンティブを使って規制を行ない、これまでのものとは違う行動を奨励したり、場合によっては義務づけたりするのだ。アプリを使えば、あまり混雑していない地区を通るルートに運転者を誘導したり、いつ出かけるかを決めるのを手伝ったりすることさえできる。これは素晴らしい！　２０１８年には、アメリカ人は交通渋滞のせいで平均すると１年間に97時間失った。これをお金に換算すれば、８７０億ドル近い損失（運転者１人当たりでは平均で

1348ドル）だ。[51] その後、車のライドシェアのためにマッチングを行なうアプリも出てきた。このサービスは、時間の節約になるうえ通勤時間の質も上げる。社会的なつながりをもち、よく知らない人と話をすると、幸福感が増し、ストレスが減り、社会的ネットワークが広がるからだ。

ところが、大多数の人がライドシェアのアプリを使っておらず（一度でも使ったことのある人は36％しかいない）、自分だけで車で通勤している（76％）。[52] 私は最近、学生の1人と現場実験を8回行ない、プラットフォームに基づくテクノロジーを使ってライドシェアで通勤するように、従業者を促してみた。残念ながら、8回とも大失敗に終わった。80万人の従業者のうち、新たにライドシェアのアプリを試してもらえたのは、たった22人にすぎなかった。[53]

政府は、混雑課金制度や駐車禁止などの規制政策を通して、人々にこうしたサービスの使用を促すことができるだろう。この種の政策を実施するにはコストがかかるけれど、通勤時間を何百万時間も縮め、道を走っている車の数を減らし、人々が望ましいかたちで使う時間を増やすという利点のほうが優るはずだ。

時間の価値を認める

政府はさまざまなデザインチームの助けを借りて、貴重な時間を奪っているお役所仕事を考え直すこともできる。コーヒーを先に注文しておいてから受け取りに行くという方式は、公共サービスにも応用できる。たとえば２０１６年、フィラデルフィアのペンシルヴェニア病院は、医師や医療経済学者やデザイナーといった多様な顔ぶれのチームを雇い、サービス提供の主なボトルネックの解消を試みた。

チームのメンバーは、「複雑なものをわかりやすくする」ために「プロセスを根幹の機能にまで絞り込んだ[*54]」。参加していた職員の１人の言葉を借りると、次のようになる。

「現代の世の中では、物事をややこしくしがちです。シンプルにするのは難しいです。研究調査ではすぐに質問を追加し、デジタルインターフェイスではボタンを増やし、人々に余計な重荷を背負わせます。ところが、言葉や画面、ページ、掲示板、課題を増やしても、問題が解決することは、まずありません」

たいてい、余計に時間をとられるだけだ。サービスの提供の仕方を考え直せば、国民の時間を何十万時間も解放できるだろう。

＊＊＊

自発的なものであれ、強制的なものであれ、**時間についての選択によって、社会の全員の健康や幸福や経済的機会が決まる。**

交通渋滞にはまり込んでいる時間は、家族と楽しんだり、コミュニティに貢献したり、働いたり、自分を成長させたりすることに使えない。自由時間がないと、あるいは、ないと感じているだけでさえも、健康の悪化を招く。すでに見たとおり、そのような不足感は、幼い子どもを抱える親から、生計を立てるために複数の仕事を掛け持ちしている人まで、私たち全員に影響を与える。学生たちでさえ、タイム・プアの影響を受けている。彼らはしだいに多くの負債に縛られ、仕事で成功を収めるためには、かつてないほどの競争にさらされており、したがって、濃密な学習スケジュールとフルタイムの仕事の両立を迫られている。

職場や企業、団体、政府はみな、私たち全員をタイム・スマートにする努力の一翼を担わなくてはいけない。まず、もっとデータが必要だ。個人と、各自の時間の使い方についてのデータはかなり集まってきているけれど、組織や地方自治体や国家のレベルのデータはほとんどない（私は今、これに取り組んでいる。5年後ぐらいには報告できると思う）。時間の使い方を（豊かな国だけではなく）世界中でもっとよく調べて大規模なパネルデータにまとめれば、地方自治体や中央政府で、タイム・プアについての議論が促されるだろう。そして、もっと多くの企業や団体にも、タイム・プアを、個人の幸福だけでなく企業や都市や国家の健全性と繁栄にも影響を与える、公衆衛生の問題として、真剣に考えてもらう必要がある。みなが協力しなければ、タイム・プアの問題は、世界中の国々にとって、幸福と経済的流動性の妨げであり続けるだろう。

　それでも、今すぐやるべきことはたくさんあり、この本では、そうしたアイデアの多くを紹介してきた。さらにもう１つできることがある。それは、この問題を認めてもらうように企業や公務員に働きかけることだ。今やあなたは自分がタイム・プアであることに気づき、その状態を変えるために、小さいシンプルなステップを次々に踏もうとしているのだから、さまざまな組織にもそうするように迫る必要がある。創造的な解決策を見つけるとなると、個人の行動だけでは不十分だ。パラダイムシフトが欠かせない。著述家のアン・ヘレン・ピーターセンはこう言っている。

「社会のレベルでストレスと燃え尽き症候群を減らすには、制度を変える必要がある。酸素トリートメントやランニングマシンつきデスクで解決できるような問題ではないのだ[*55]」

そのとおり！

結　論

Time in the Future

未来における時間

どうしてこんなに早く、こんなに遅くなってしまったのか？
午後になる前に夜が来てしまうとは。
6月になる前に12月が来てしまうとは。
まったく、時は矢のように過ぎ去ってしまった。
どうしてこんなに早く、こんなに遅くなってしまったのか？

——ドクター・スース

時間の未来は可能性と危険に満ちている。

あなたは、時間とお金と現代社会についての根本的な真実の数々が、だいぶわかってきた。タイム・プアは問題だ。大問題だ。私たちにはそれがわかっている。データがある。いわゆるイースタリン・パラドックス、すなわち、富の蓄積は必ずしも幸福感の増大をもたらさないというパラドックスが正しいことがわかっている。すべてを犠牲にして仕事上の成功を追い求めると、やることがあり過ぎて時間が足りないという感覚を生むだけで、その解決にはならない。そして、そのような暮らしをしていると、さらなる災難を招く。うつ、肥満、孤独、利己主義……数え上げれば切りがない。私たちは、それらが正しいことを認め始めた。そして、個人のレベルでも、政策のレベルでも、タイム・プアを克服するために、あれこれ策を講じてみている。週休3日制を試している企業もある（アメリカは、有給の育児休暇でと同様、この面でも後れをとっている）。

それは手始めとしてはまずまずだけれど、もっとずっと多くの手を打たなくてはならない。そうしないと、タイム・プアに感じているアメリカ人が80％から90％へ、さらには１００％へと増えかねない。私たちは、典型的なホワイトカラーのためのものだけではなく、タイム・スマートな変更をするのが一見難しそうな職業（たとえば、教師や医療従事者、サービス従事者）も含め、あらゆる経済レベルの、あらゆる職種の従業者を助けるための策を試す必要がある。

また、タイム・リッチの問題は競争に勝てるかどうかに直結した問題であることを、ビジネスリーダーたちに納得させる必要もある。有能な人材を求める闘いに勝つには、企業はタイム・リッチの問題を真剣に考えざるを得ない。従業者の待遇を良くすれば見返りが得られるという考え方は、これまで必ずしも当然のこととして認められてはいなかった。その考え方は、長い年月をかけて、経験とデータに基づいて構築され、今も確立される途上にある。だから私たちは、タイム・リッチな働き方を実現するための方針からは見返りが得られることを証明して、このような考え方を広めていく必要がある。その作業はすでに始まっている。

　私たちは、さまざまな社会全体が、成功イコール経済成長というマインドセットを脱し、個人のための時間をどれだけ大切にしているかといった、他の尺度へとシフトするのを助ける策を講じる必要がある。社会が経済成長に執着しているせいで重大なコストが現に生じている事実を認めなくてはならない。医療コストの増大、いつまでも退職できないので、職場で若者の昇進の道が閉ざされること、社会参加の不足といった問題が起こっているのだ。

　政策を変更すれば、社会規範の変化を促すことができるだろう。もしアメリカが有給休暇の制度を義務づければ、経済が恩恵を受け、何が重要かを巡る議論も根本から変わるはずだ。私はこれを、**余暇の正当化**と呼んでいる。仕事よりも余暇を大切にする国々のほうが幸せで、景気の低迷のような経済的なショックが引き起こす精神的動揺にもうまく対処できることがわかっている。**幸せだと生産性が上がる**こともわかっている。だから、拝金主義の社会からタイム・スマートな社会へと、文化規範を大転換させると、その当然の副産物として、生産性が上がり、医療費が減る。余暇の捉え方の変化は、伝染しうる。社会学者が気づき始めているように、その伝染力はとても強い。私たちは、他人を見て、どう行動するべきかを決めるからだ。[*1] 政策のおかげで一部の人が余暇を思う存分、望ましいかたちで楽しむことができれば、他の人々や企業も、それを熱心に真似したがる。

また、創意工夫に富む人々は、社会のあらゆるレベルでタイム・リッチな状況を生み出すような方向に、テクノロジーを推し進めなければいけない。自動運転車のような自律型の製品は、通勤をうまく調整して渋滞を悪化させないかぎり、すでに比較的豊かな人々さえもタイム・リッチにできるだろう。

おおまかに言って、自動化はなおいっそう目覚ましい時間節約を約束しており、社会の中でも最も貧しく、タイム・プアな人々を助けるようなかたちで実用化できる。インドやアフリカで調査した貧しい女性たちのことが頭に浮かぶ。多くの人が当たり前のように使っている頑丈な「ロボット」である、ありふれた洗濯機があれば、あの女性たちに、教育や育児に充てる時間を何千時間も提供できるだろう。そして、それが安全と権利拡大をもたらし、彼女たちの地位を上げ、住んでいる地域全体の幸福を増大させる。

これこそ、私たちの誰もが支持できて当然の未来だ。私は自分のデータを使ったり、さらにデータを集めたりして、すべての人のためにタイム・リッチな未来を生み出すのを手伝いたい。私の見るところでは、今後10年間、物質的な貧困だけでなくタイム・プアも軽減することが、教育格差や肥満や気候変動などを含む、なんとも忌まわしく危険な問題に挑むうえで不可欠だ。私は本気でそう思っているし、みなさんも真剣にそう考えてくれていることを願っている。

なぜならすべてはあなたから始まるからだ。だから私はこの本を、何をおいてもあなたのために、あなたという個人のために書いた。まずは自分がタイム・スマートになり、その変化があなたにもたらす途方もない効果に気づき、それから自分の時間に対するあなたの取り組み方を、他の人々が尊重し、受け入れるよう求めてほしい。

＊＊＊

私は今これを書きながら、同僚たちとともに、ハーバード・ビジネススクールの卓越した伝説の経営戦略教授、クレイトン・クリステンセンの死を悼んでいる。彼の破壊的イノベーションの理論は、20世紀後半で屈指の重要性をもつビジネス概念だったと言っても、けっして大げさではない。

この結びの章を書き終えるにあたって、クリステンセンが『ハーバード・ビジネス・レビュー』誌に書いた古典的名論文「自分の人生をどう測るか?」（2010年7-8月）を再読した。この論文のテーマと考え方は、あなたがこの本で読んだばかりのことと一致している。人生の目的について考え、その目的を果たすための戦略を練り、計画的に行動せよ、お金や職業上の成功で幸せになれると思うな、というわけだ。

クリステンセンは2010年にこの論文を書いたとき、癌に打ち勝ったばかりだったけれど、やがてその癌は再発し、10年後に彼を私たちのもとから奪い去ることになる。時間には限りがあり、二度と取り戻せないという、時間についての厳然たる真理を直視することで、彼はこの論文に書かれた信条を悟り、感じ、それに従って生きることができた。

「私の研究を利用した企業が、私の考え方から莫大な利益をあげたことをはっきり認識している。自分が重大な影響を与えたことも承知している。だが、この病気に直面してみると、今やその影響がとるに足りないものにしか思えないのだから興味深い」

私はこの本で、科学的に厳密な戦略を数多く示してきた。なにしろ私は、時間マニアだから。それに、あなたが信じられないほど忙しいことも知っているし。あなたがこの本を読む時間を投資したおかげで、タイム・プアは自分にとって問題だと納得してもらえたことを願っている。この本がきっかけとなり、人生の目的について考え、その目的を実現するための行動を起こすのに必要な時間をとってもらえることを願っている。

　これまたはっきりわかってもらえていたら嬉しいのだけれど、タイム・リッチを目指すのはけっして利己的ではない。それどころか、その正反対だ。自分がどんな人間なのかや、なぜ自分は今しているような行動をとるのかをじっくり考え、自分の価値観に沿うかたちで行動できるように自分の時間を整えたときには、この世の中全体がその恩恵を受けるのだから。

　私たちは、ある時点である程度まで、この章の冒頭に掲げたドクター・スースの非の打ちどころのない詩句を哀れに唱えることを運命づけられているのかもしれない。とはいえ、より幸せな世界を築き、個人としても社会全体としても、タイム・スマートで充実した暮らしを送れるように、今できることは、まだいくらでもある。

決意を固めて、やるしかないのだ——時が過ぎ去ってしまう前に。

付録　よくある質問

私は同僚や学生、ディナーに招いた客、家族、さらには、ときどき利用するウーバーの運転手からも、時間とお金と幸せについて、絶えず興味深い質問を受ける。この付録では、そうした質問のうちでも、とりわけ頻繁に投げかけられるものを取り上げる。なるべく簡潔に答えたので、さらにくわしく知るための参考文献も添えておいた。

質問1　時間かお金かという決定は、本当に個人レベルのものなのでしょうか？

私たちは、豊かか貧しいか、既婚で子どもがいるか、それともシングルか、若いか高齢かなどに関係なく、お金よりも時間を大切にすれば幸福感の増大につながることがわかっている。

それでも人々は、私に重要な疑問を投げかける。「社会的状況は、私たちの決定や幸せに関係ないのですか？」と。パートナーや職場や子どもが、自分の時間とお金の選択や幸せを決めるかどうか、決めるとすればどのように決めるのかと、しばしば質問する。たしかに、彼らは正しい。私たちの社会的な状況は、時間とお金についての決定（と、人生における他のすべての決定）のあらゆる面に影響を与える。

　私たちは親になると、子どもに（さらにはペットたちにまで）、毎日使える時間の量や、お金か時間かという決定を左右される。定年退職すると、利用できる自由時間の量と、その使い道が変わる。時間に投資したり（たとえば、ハウスクリーニング業者を雇う）、時間を見つけたり（たとえば、休暇をとる）するのに使えるさまざまな戦略を受け入れている程度は、企業や国家によって違う。人々が求められるものも、人口構成や背景となる社会階層によって、そして、社会によって違う。女性は、男性よりも日常の雑用や家事を多くこなすことを期待されるし、複数の目標を同時に追い求めるべきだと考えているので、高い地位の仕事はあまり望ましくなくて手に入りづらいもののように思えてしまう。低所得層の人は、家族にもっと投資し、決まったスケジュールのない仕事に就くことを期待される場合が多く、貧しい人は愛する人の世話をするか、仕事を続けるかという選択を余儀なくされる。

社会階層と性別によって、タイム・プアの原因と結果がどう違うかのさらなる研究に関しては、Hartmut Rosa, *Social Acceleration: A New Theory of Modernity* (New York: Columbia University Press, 2013) を参照のこと。

また、私たちはパートナーと協力して時間かお金かという決定を下さなければならない。これは、やるのが難しい場合がある。そうした選択をうまくしていくための戦略については、H. R. Bowles and K. L. McGinn, “Gender in Job Negotiations: A Two-Level Game,” *Negotiation Journal* 24, no. 4 (2008): 393-410を参照のこと。

この本では、個人として下す決定にほぼ的を絞ってきたものの、時間とお金についての選択は、孤立したかたちでは起こらない。それにまつわる価値観や行動がどのような状況や背景をともなっているかを理解し、それに関与するためには、さらなる研究が必要とされている。

質問2　時間が幸せに関してもつ価値は、私の住んでいる場所で決まるのでしょうか？

仕事にそれほど執着していない地域に暮らす人にとってのほうが、時間を大切にするかどうかで幸せの度合いが判断しやすいのではないか、とよく聞かれる。たぶん想像がついたことと思うけれど、答えはイエスだ。

私は共同研究者たちとともに、仕事の規範と仕事についての信念が、時間の使い方や余暇の楽しみ方をどのように決めるかという疑問に取り組んだ。アメリカでは、自分と同じ社会階層の人が長時間働く場所に住んでいる市民のほうが、人づき合いやボランティア活動のような余暇活動を行なったときの幸福感が小さかった。仕事についてどう考えているかも重要だった。勤勉に働くことが善良な人間であるために不可欠だと信じられている場所に住む人のほうが、同じ社会階層の人が何時間働いているかには関係なく、やはり余暇をあまり楽しめなかった。

これらの調査結果を併せて考えると、同じ社会階層の人の振る舞い方や、労働の価値について社会の中で支持されている価値観が、タイム・スマートな決定が個人の幸せに良い結果をもたらすかどうかを決めるうえで、重大な役割を果たしうることがわかる。時間第一という決定を下すことの喜びを享受するためには、社会全体も時間を大切にするよう促す必要がある。

質問3　どうするべきか、なぜさっさと教えてくれないのですか？

タイム・リッチで幸せになるための、自分に適したやり方を教えてくれるように頼まれることがよくある。この点に関しては、いつも相手をがっかりさせてしまう。万人向けの解決策はないからだ。私たちはみな、違う価値観やニーズや優先事項をもっている。そして、時間についての選択に対しても、みな異なる反応を見せる。

個人的な例をあげよう。この本の基盤になっている調査に刺激を受けて、私のパートナーは最近、フルタイムの仕事を辞めることにした。今はフリーランスで働いており、いつ、どこで働くかは自分で選んでいる。こうして自分のスケジュールをコントロールできるようになったおかげで、ストレスが「劇的に」減ったそうだ。自分が自分のボスだという感覚がおおいに気に入っている。ところが、ある人にとっては至上の幸福も、別の人にとっては地獄の苦しみになる。柔軟性をもたないためにお金を払うという人もいる。A. Mas and A. Pallais, “Valuing Alternative Work Arrangements,” *American Economic Review* 107, no. 12 (2017): 3722-3759 を参照のこと。あまりに忙しいのでハウスクリーニング業者を雇いたいけれど、勤勉の価値を子どもに教えようとしているから雇わないという人もいる。この決定も間違ってはいない。

要するに、タイム・リッチへの道は、人ごとに違って見える。私にできる最善の助言は、この本に出てくる取り組み方のうちで、とりわけ共感できるものを取り込み、それから試行錯誤をしながら学んでいってほしい、というものだ。日々の決定や人生の主要な決定に、タイム・スマートな戦略をたっぷり持ち込むといい。時間に投資する、時間を見つける、時間の捉え方を変えるといった戦略を。面白半分に、自分がいちばん抵抗のある活動を試してみるという手もある。

人を雇って掃除や洗濯をしてもらうのが本当に嫌なら、一度は試してみて、それでも嫌かどうか考えてほしい。もし嫌なら、理由に思いを巡らせること。ときおり無理をしてでも、自分が快適に感じる範囲から積極的に出てみると、学べることが最も多い。これはお金にも時間にも人生にも、おおむね当てはまる。

それからどの解決法が気に入ったか、どれが気に入らなかったかを教えてほしい。どれがうまくいったか？　どれが時間の無駄だったか？　あなたのパートナーはどう思ったか？　私たちは力を合わせて、タイム・プアの解決法を実験したり生み出したりすることができる。次のページのタイム・リッチ・チェックリストを壁や冷蔵庫に貼って、この実験をやっていることを思い出し、楽しんでもらえれば幸いだ。

タイム・リッチ・チェックリスト

時間のストレスを感じたら、以下のことをやってみましょう。

□ **時間のトラッキングをする**
自分の時間が何に使われているのかを見極めましょう。

□ **やるのが楽しいことについて考える**
自分が幸せになれることや、意義を感じられること、生産的なことにもっと的を絞りましょう。

□ **物事の合間に短い自由時間を見つけて、そうした活動をもっとやる**
自分がもっとほしいと思っているもの（たとえば、快楽、意義、生産性）の優先順位をつけましょう。

□ **楽しくないこと、ストレスになることについて考える**
惨めな気分やストレスをもたらすもの、非生産的なものに注意を向けましょう。

□ **そうした経験をもたらす活動に費やす時間を減らす**
時間に投資したり（たとえば、外注する）、時間を見つけたり（たとえば、会議をキャンセルする）、時間の捉え方を変えたり（たとえば、望ましいものに的を絞る）して、そうした活動をできるだけ減らしましょう。

□ 見つけた自由時間を自分のために埋める

自由時間にやりたい活動のスケジュールを決めましょう。もっと読書に時間をかけたければ、いつそうするかをしっかり決めておいてください。

□ 余暇を楽しむ

以上を一生懸命やったら、仕事用のメールソフトを閉じて、楽しく過ごしましょう。頑張ったのですから、当然のご褒美です。

謝辞

新任の教員としてこの本を書き始めたときには、すでにたっぷり調査を行ない、お金ではなく時間を重視することが、幸せの増大や人間関係の改善や体の健康の増進につながる生産的な道筋であるという結果を得ていた。

ところが、そうした事実を明らかにしたにもかかわらず、私生活は悲惨だった。10年来のパートナーとの関係が破綻した。相手よりも仕事を優先することが多過ぎたからだ。私は自分の研究から得た知見を実践するのに苦戦していた。時間の使い方を決める段になると、「言うは易く行なうは難し」と言い訳ばかりしている自分に嫌気がさした。これだけデータをもっている私でさえ「言行一致」に苦労しているのだから、世間の人々も時間にかかわる決定やキャリアにかかわる決定に悪戦苦闘しているのに違いなかった。だからこの本は、私自身や他の人々が学術研究の成果を日々実行に移すのを手助けする試みなのだ。そして、厖大な数の支援者がいなければ、とうてい書き終えられなかったし、土台となる調査もできなかっただろう。

あらゆる原稿がそうであるように、この本も、理解ある才能豊かな編集者に認められたからこそ、第一歩を踏みだせた。私は終始一貫、スコット・ベリナートに支えられ通しだった。まず、何人もの編集者に退けられた私のアイデアが、人々の時間の考え方や使い方を変える可能性を、スコットは見て取った。それから、学者言葉ではなく、一般人にわかる言葉で書くことや、とうてい無理と思っていたほどまで自分をさらけ出すことを辛抱強く教えてくれた。そして、最終的に本書の原稿となった、『ハーバード・ビジネス・レビュー』誌の記事の草稿から、完成稿の校正刷に至るまで、私を励まし続けた。スコットは、はじめて本を書く人間にとって、これ以上望みようのないほどの、掛け値なしで最高のガイドだった。彼の手引きに対しては、一生感謝の気持ちを忘れないだろう。そして、いっしょに#TimeSmartであり続けられると思うとわくわくする。

この本の基礎となる調査の多くは、優れた恩師や研究者仲間や学生と共同で行なった。真っ先に感謝したいのが、大学院時代の指導教授、エリザベス・ダンだ。教授からは、幸せの調査と、社会的意識が高くて積極的に関与する学者になることの両方について、じつに多くを学んだ。今もそれが日々役立っている。教授の長年にわたる励ましがなければ、この本は書けなかっただろう。マイク・ノートンも、私の調査とこの本の執筆をいつも支援してくれたので、本当に助かった。研究仲間のヘザー・ディヴァインは、途切れることなくインスピレーションを提供し続けてくれた。彼女は私が信奉する価値観に忠実で、世の中の役に立つ研究を、毎日こつこつと続けている。

以下にあげた方々をはじめ、大勢の協力者や支援者や学生にもお礼を言いたい。ラジュ・アガーワル、ララ・アクニン、マックス・ベイザーマン、レネ・ベッカース、サイカ・ベラル、シャーロット・ブランク、ユージーン・カルーソー、ビル・チェン、フランシス・チェン、ハン・コリンズ、サンフォード・デヴォー、グラント・ドネリー、ライアン・ドワイヤー、ホリー・ダイクストラ、アビー・ファリク、ローラ・ジュージ、リズ・ゴールデンバーグ、アントーニャ・ゴンザレス、キャロル・グラハム、アンディ・ハフェンブラック、ジュリア・ハー、ジョン・ジャヒモヴィッチ、レスリー・ジョン、アレックス・ジョーダン、フェリシア・ジョイ、エリック・キム、アリエラ・クリスタル、コスタディン・クシュレフ、マシュー・リー、アリス・リー＝ユーン、ルチア・マッキア、マイケル・マギャラ、キャシー・モジルナー、シンシア・モンゴメリー、ローレル・ニューマン、エド・オブライエン、シャイベル・オフラハーティ、アンドリュー・オズワルド、マーク・オットーニ＝ヴィルヘルム、ローラ・パーク、レスリー・パーロウ、ジェシカ・パウ、ナタヴァド（・ニック）・パウドセイヴィー、ジェイソン・プルール、ジェシカ・ロバーツ、トッド・ロジャーズ、マイケル・サンダーズ、ジリアン・サンドストロム、ローリー・サントス、アラン・シュヴェイヤー、スコット・サイダー、ジョイ・シャーロック、ポール・スミーツ、アナイス・ティボー＝ランドリー、タイラー・ヴァンダーウィール、キャスリーン・ヴォス、デボラ・ウォード、ジョージ・ウォード、コリン・ウェスト、アイス・イェミシシジル、ジェウォン・ユーン。研究仲間の全員が、興味をそそる方向の数々にこの作品を推し進めてくれた。私が取り上げた調査のほとんどは、彼らとの共同研究や会話の直接の産物だ。この本は、私の所属学科や、研究室の会議、学会、ゼミなどでの、学者や参加者との無数の会話からも恩恵を受けている。この仕事に就いていていちばん素晴らしいのは、多様な経歴と視点をもつ、頭の切れる人々と、さまざまなアイデアについて熱のこもった会話を交わせる点であり、そうした会話への感謝の念が尽きることはけっしてないだろう。

　私の研究は、多数の機関から寛大な援助を受けてきた。以下に、主なものをあげておく。ハーバード・ビジネススクール、ハーバード大学の心・脳・行動に関する学部横断イニシアティブ、ハーバード大学の人間行動の基盤に関する研究のためのパーシング・スクエア基金、ハーバード大学ハーバード・グローバルヘルス研究所のバーク・グローバルヘルス・フェローシップ、ジョン・テンプルトン財団、ハーバード大学ラクシュミー・ミッタル・アンド・ファミリー南アジア研究所、カナダ社会・人文科学研究会議、ＵＣＬＡアンダーソン・スクール・オブ・マネジメント、ＩＺＡ労働経済学研究所、ロンドン・ビジネススクール。これらの機関の支援がなければ、私の研究もこの本もありえなかっただろう。

　家族や親戚にも謝意を表したい。母のリサ、おばやおじのペギー、テリー、ジョーン、ディーン、いとこのマークとポール。みんな、大変な苦難に直面しても、笑ったり感謝したりする時間をいつもなんとか見つけ出すのだった。父のブライアンには特別にお礼を言いたい。私は父のことを真の科学者だと常々言っている。なぜなら父は、信じられないほどの驚異の念をもって人生に取り組んでいるからだ。インターネットや私の「学術誌」で目にした最新の興味深い話について毎週電話をかけてきて、周りを見回して驚嘆するのをけっしてやめてはいけないことを思い知らせてくれる。

　最後になったけれど、パートナーのウメアに感謝する。彼は無条件の愛と支援とはどんなものなのかを教えてくれた。ボストン公共図書館でのデート（彼もそこで何か大切な仕事があるのだと思っていたら、じつは、私がきちんと執筆するように、つき添っていてくれただけだった）から、夕食の準備（締め切りを目前にして私が仕事をしているとき）や、気配り（私が出張のし過ぎにならないように）に至るまで、彼はなんでもやっていつも変わらず助けてくれる。彼とオリー（我が家の猫）は、いっしょに過ごす毎日のどの瞬間にもありがたみを感じさせてくれる。今や私たちは家族なのだから、時間を重視する生活を送らないことなど想像できない。

私は学者になるはずではなかった。ましてハーバード大学のアシスタント・プロフェッサーになろうとは、誰も思っていなかった。うちの一族で大学に行ったのは私の代がはじめてだ。私は１度目の大学では、単位を全部落として中退した。２度目に大学に行くまで、大学を卒業した人には１人も出会ったことがなかった。この本を書き、研究者としてのキャリアを積むうちに、高い志を立てて夢を追うのをけっして恐れるべきではないことを学んだ。自分が心から大切に思うものの追究にありったけの時間を費やし、自分と同じぐらい夢を大切にする人々に囲まれて過ごすことほどの幸せがあるだろうか。限られた人生の、これ以上の過ごし方など思いつかない。脇目も振らずに大きな目標を追い続ける以上の過ごし方を。この本を読んで、どう時間を使うかによってどう人生を過ごすかが決まることを再認識し、自分の目的や動機を思い出すことの重要性を感じてもらえれば幸いだ。

最初の本を書き終えた今、次の１冊を書くのを楽しみにしている。未来はますます不確かになっているので、今こそ真剣に時間に向かい合おう。タイム・リッチになれば、私たちの社会が直面する多くの問題の解決策を見つける役に立つだろうから。

TIME SMART《タイム・スマート》
お金と時間の科学

2021年7月22日発行

著　者――アシュリー・ウィランズ
訳　者――柴田裕之
発行者――駒橋憲一
発行所――東洋経済新報社
〒103-8345　東京都中央区日本橋本石町1-2-1
電話＝東洋経済コールセンター　03(6386)1040
https://toyokeizai.net/

カバーデザイン……橋爪朋世
ＤＴＰ…………岸　和泉
印刷・製本………丸井工文社
編集担当…………黒坂浩一
Printed in Japan　ISBN 978-4-492-22400-7

著者・訳者紹介

アシュリー・ウィランズ（Ashley Whillans）

カナダのブリティッシュ・コロンビア大学で社会心理学の博士号を取得し、現在はハーバード・ビジネススクールのアシスタント・プロフェッサー。

人々が時間とお金のトレードオフをどのようにこなすかや、それにかかわる決定が仕事の満足度や幸福感や心身の全般的な充足度にどのような影響を与えるかを、同大学院で研究している。これまで「行動科学の新星（Rising Star of Behavioral Science）」に2度選ばれ、数多くの学術誌に論文が掲載されてきた。科学コミュニケーションと、科学研究にかかわるように一般人を促すことにも情熱を注いでいる。

『ハーバード・ビジネス・レビュー』誌、『ニューヨーク・タイムズ』紙、『ウォール・ストリート・ジャーナル』紙、『ワシントン・ポスト』紙で取り上げられたのに加えて、『アトランティック』誌、『エコノミスト』誌、CNN、BBCでも研究が特集されている。ハーバード・ビジネススクールで教職に就く前には、ブリティッシュ・コロンビア州政府の政策イノベーション関与局に行動科学部門を共同設立した。研究者に転じる前にはヒット映画『ジュノ』をはじめとして、映画に出演した経験もある。

柴田裕之（しばた やすし）

翻訳家。早稲田大学、Earlham College卒業。訳書に、ファーガソン『スクエア・アンド・タワー』、ハラリ『サピエンス全史』『ホモ・デウス』『21 Lessons』、クリスチャン『オリジン・ストーリー』、ケーガン『「死」とは何か』、ベジャン『流れといのち』、オーウェン『生存する意識』、ドゥ・ヴァール『動物の賢さがわかるほど人間は賢いのか』、ヴァン・デア・コーク『身体はトラウマを記録する』、リドレー『進化は万能である』（共訳）、ファンク『地球を「売り物」にする人たち』、リフキン『限界費用ゼロ社会』ほか多数。

索　引

A ～ Z

あ　行

か　行

さ 行

た　行

な 行

は 行

ま　行

や　行

ら　行

わ 行

原　注

これらの引用のより包括的な説明と、本書で引用した研究との関連については、awhillans.com を参照のこと。

序　章

1 「時間の飢饉」を望ましくない結果と結びつける概説については、以下を参照のこと。L. Giurge and A. V. Whillans, “Beyond Material Poverty: Why Time Poverty Matters for Individuals, Organisations, and Nations” (working paper, Harvard Business School, no. 20-051, 2020).

2 私の研究は、時間に関する志向性（テイラーかモーガンかという質問で測定した）と、幸福、労働時間、ボランティア活動、時間の使い方にまつわる日々の決定とのつながりを記録している。A. V. Whillans, A. C. Weidman, and E. W. Dunn, “Valuing Time over Money Is Associated with Greater Happiness,” *Social Psychological and Personality Science* 7, no. 3 (2016): 213-222.

3 Whillans et al., “Valuing Time over Money Is Associated with Greater Happiness.” 以下も参照のこと。J. F. Helliwell and R. D. Putnam, “The Social Context of Well-Being,” *Philosophical Transactions of the Royal Society of London, Series B: Biological Sciences* 359 (2004): 1435-1446.

4 A. V. Whillans and E. W. Dunn, “Valuing Time over Money Is Associated with Greater Social Connection,” *Journal of Social and Personal Relationships* 36, no. 8 (2019): 2549-2565.

5 G. M. Sandstrom and E. W. Dunn, “Social Interactions and Well-Being: The Surprising Power of Weak Ties,” *Personality and Social Psychology Bulletin* 40, no. 7 (2014): 910-922.

6 A. V. Whillans, J. Pow, and M. I. Norton, “Buying Time Promotes Relationship Satisfaction” (working paper, Harvard Business School, no. 18-072, January 2020).

7 A. Whillans, L. Macchia, and E. Dunn, “Valuing Time over Money Predicts Happiness after a Major Life Transition: A Preregistered Longitudinal Study of Graduating Students,” *Science Advances* 5, no. 9 (2019): eaax2615. 概説については、以下を参照のこと。E. W. Dunn, A. V. Whillans, M. I. Norton, and L. B. Aknin, “Prosocial Spending and Buying Time: Money As a Tool for Increasing Well-Being,” *Advances in Experimental Social Psychology* 61 (2019): 67-126.

8 A. V. Whillans, A. Lee-Yoon, and E. W. Dunn, “When Guilt Undermines Consumer

Willingness to Buy Time" (working paper, Harvard Business School, no. 18-057, January 2018, revised January 2020).

9 Giurge and Whillans, "Beyond Material Poverty." See also I. Hirway, *Mainstreaming Unpaid Work: Time-Use Data in Developing Policies* (Oxford: Oxford University Press, 2017).

10 J. M. Darley and C. D. Batson, " 'From Jerusalem to Jericho': A Study of Situational and Dispositional Variables in Helping Behavior," *Journal of Personality and Social Psychology* 27, no. 1 (1973): 100.

11 Whillans et al., "Valuing Time over Money Is Associated with Greater Happiness." 以下も参照のこと。 A. C. Hafenbrack, L. D. Cameron, G. M. Spreitzer, C. Zhang, L. J. Noval, and S. Shaffakat, "Helping People by Being in the Present: Mindfulness Increases Prosocial Behavior," *Organizational Behavior and Human Decision Processes* (2019).

12 A. V. Whillans and E. W. Dunn, "Thinking about Time as Money Decreases Environmental Behavior," *Organizational Behavior and Human Decision Processes* 127 (2015): 44-52.

13 A. V. Whillans, "Time for Happiness: Why the Pursuit of Money Isn't Bringing You Joy-And What Will," hbr.org, January 29, 2019, https://www.hbs.edu/faculty/Pages/item.aspx?num=55600.

第1章

1 A. V. Whillans, "Time for Happiness: Why the Pursuit of Money Isn't Bringing You Joy-And What Will," hbr.org, January 29, 2019, https://www.hbs.edu/faculty/Pages/item.aspx?num=55600.（「お金と時間の幸福論」『ハーバード・ビジネス・レビュー』2019年9月号）

2 D. S. Hamermesh and J. Lee, "Stressed Out on Four Continents: Time Crunch or Yuppie Kvetch?" *Review of Economics and Statistics* 89, no. 2 (2007): 374-383. 以下も参照のこと。 D. S. Hamermesh, "Not Enough Time?" *American Economist* 59, no. 2 (2014): 119-127.

3 K. Parker and W. Wang, *Modern Parenthood: Roles of Moms and Dads Converge as They Balance Work and Family* (Washington, DC: Pew Research Center, March 14, 2013), https://www.pewsocialtrends.org/wp-content/uploads/sites/3/2013/03/FINAL_modern_parenthood_03-2013.pdf.

4 Pew Research Center, "Raising Kids and Running a Household: How Working Parents Share the Load," November 4, 2015, https://www.pewsocialtrends.org/2015/11/04/raising-kids-and-running-a-household-how-working-parents-share-the-load/.

5 T. Kasser and K. M. Sheldon, "Time Affluence as a Path toward Personal Happiness and Ethical Business Practice: Empirical Evidence from Four Studies," *Journal of Business Ethics* 84, no. 2 (2009): 243-255. See also Whillans, "Time for Happiness."

6 C. Mogilner, A. Whillans, and M. I. Norton, "Time, Money, and Subjective Well-Being," in *Handbook of Well-Being, Noba Scholar Handbook Series: Subjective Well-Being*, eds. E. Diener, S. Oishi, and L. Tay (Salt Lake City, UT: DEF Publishers, 2018).

7 S. Roxburgh, " 'There Just Aren't Enough Hours in the Day': The Mental Health Consequences of Time Pressure," *Journal of Health and Social Behavior* 45, no. 2 (2004): 115–131; J. Jabs and C. M. Devine, "Time Scarcity and Food Choices: An Overview," *Appetite* 47, no. 2 (2006): 196–204; D. Venn and L. Strazdins, "Your Money or Your Time? How Both Types of Scarcity Matter to Physical Activity and Healthy Eating," *Social Science and Medicine* 172 (2017): 98–106; J. De Graaf, ed., *Take Back Your Time: Fighting Overwork and Time Poverty in America* (San Francisco: Berrett-Koehler, 2003).

8 ギャラップは、2013年の時点で、アメリカではストレスのコストが1年につき約1900億ドルになると推定している。Gallup, "Report: State of the American Workplace," September 22, 2013, https://www.gallup.com/services/176708/state-american-workplace.aspx. アメリカの医療制度にかかるストレスのコストは、毎年の総医療費の5〜8%にのぼると推定されている。J. Goh, J. Pfeffer, and S. A. Zenios, "The Relationship Between Workplace Stressors and Mortality and Health Costs in the United States," *Management Science* 62, no. 2 (2015): 608–628.

9 W. F. Stewart, J. A. Ricci, E. Chee, S. R. Hahn, and D. Morganstein, "Cost of Lost Productive Work Time Among US Workers with Depression," *JAMA* 289, no. 23 (2003): 3135–3144.

10 P. E. Greenberg, A. A. Fournier, T. Sisitsky, C. T. Pike, and R. C. Kessler, "The Economic Burden of Adults with Major Depressive Disorder in the US," *Journal of Clinical Psychiatry* 76, no. 2 (2015): 155–162.

11 L. A. Perlow, "The Time Famine: Toward a Sociology of Work Time," *Administrative Science Quarterly* 44, no. 1 (1999): 57–81.

12 M. Aguiar and E. Hurst, "Measuring Trends in Leisure: The Allocation of Time over Five Decades," *Quarterly Journal of Economics* 122, no. 3 (2007): 969–1006.

13 OECDによると、アメリカのフルタイムの従業者は、1950年には平均で週37.8時間働いたという。それに対して、2017年の労働時間は、平均で週34.2時間だった。J. C. Messenger, S. Lee, and D. McCann, *Working Time around the World: Trends in Working Hours, Laws, and Policies in a Global Comparative Perspective* (Oxfordshire, UK: Routledge, 2007).

14 ピュー・リサーチ・センターによる2015年のある調査では、アメリカ人の10人に1人が、オンラインのサービスあるいはシェアリングエコノミーのサービスを利用していると報告した。A. Smith, "How Americans Define the Sharing Economy," Pew Research Center, May 20, 2016, https://www.pewresearch.org/fact-tank/2016/05/20/how-americans-define-the-sharing-economy/.

15 アメリカでは、成人はスマートフォンの利用に毎日平均3時間20分を費やしており、これは5年前の倍に当たる。R. Marvin, "Tech Addiction by the Numbers: How Much Time We Spend Online," *PC Magazine*, June 11, 2018, https://www.pcmag.com/article/361587/tech-addiction-by-the-numbers-how-much-time-we-spend-online.

16 アメリカ人はスマートフォンを約12分ごとにチェックする。SWNS, "Americans Check Their Phones 80 Times a Day: Study," *New York Post*, November 8, 2017, https://nypost.com/2017/11/08/americans-check-their-phones-80-times-a-day-study/.

17 A. Bellezza, N. Paharia, and A. Keinan, "Conspicuous Consumption of Time: When Busyness and Lack of Leisure Time Become a Status Symbol," *Journal of Consumer Research* 44, no. 1 (2016): 118–138.

18 L. E. Park, D. E. Ward, and K. Naragon-Gainey, "It's All About the Money (For Some): Consequences of Financially Contingent Self-Worth," *Personality and Social Psychology Bulletin* 43, no. 5 (2017): 601–622.

19 M. Mazmanian, W. J. Orlikowski, and J. Yates, "The Autonomy Paradox: The Implications of Mobile Email Devices for Knowledge Professionals," *Organization Science* 24, no. 5 (2013): 1337–1357.

20 R. J. Dwyer, K. Kushlev, and E. W. Dunn, "Smartphone Use Undermines Enjoyment of Face-to-Face Social Interactions," *Journal of Experimental Social Psychology* 78 (2018): 233–239; K. Kushlev and E. W. Dunn, "Smartphones Distract Parents from Cultivating Feelings of Connection When Spending Time with Their Children," *Journal of Social and Personal Relationships* 36, no. 6 (2019): 1619–1639; and K. Kushlev, R. Dwyer, and E. W. Dunn, "The Social Price of Constant Connectivity: Smartphones Impose Subtle Costs on Well-Being," *Current Directions in Psychological Science* (2019).

21 「タイム・コンフェッティ」という言葉は、ブリジッド・シュルトが、*Overwhelmed: How to Work, Love, and Play When No One Has the Time* (New York: Picador, 2014) で使って世間に広まった。以下も参照のこと。 S. E. Lindley, "Making Time," in *Proceedings of the* 18*th ACM Conference on Computer Supported Cooperative Work and Social Computing* (ACM, February 2015): 1442–1452.

22 J. M. Hudson, J. Christensen, W. A. Kellogg, and T. Erickson, "I'd Be Overwhelmed, but It's Just One More Thing to Do: Availability and Interruption in Research Management," in *Proceedings of the SIGCHI Conference on Human Factors in Computing Systems*, eds. R. Grinter et al. (New York: Association for Computing Machinery, 2006), 97–104; B. O'Conaill and D. Frohlich, "Timespace in the Workplace: Dealing with Interruptions," in *Conference Companion on Human Factors in Computing Systems*, ed. C. Plaisant (New York: Association for Computing Machinery, 1994).

23 タイム・プアは、私たちの頭の中でさまざまな活動がどれほどうまく組み合わさる

か次第でも引き起こされる。2つの相容れない活動（たとえば、子どもの世話をすると同時に仕事のメールをチェックする）を終わらせようとしていると感じているとき、それらの相容れない目標は、時間のストレスの感覚を募らせうる。J. Etkin, I. Evangelidis, and J. Aaker, "Pressed for Time? Goal Conflict Shapes How Time Is Perceived, Spent, and Valued," *Journal of Marketing Research* 52, no. 3 (2015): 394–406. コマーシャルの時間のような中断は、面白いテレビ番組の視聴といった快楽経験の楽しさを増大させるとしている調査もいくつかあることは指摘する価値がある。以下を参照のこと。L. D. Nelson and T. Meyvis, "Interrupted Consumption: Adaptation and the Disruption of Hedonic Experience," *Journal of Marketing Research* 45, no. 6 (2008): 654–664; and L. D. Nelson, T. Meyvis, and J. Galak, "Enhancing the Television-Viewing Experience Through Commercial Interruptions," *Journal of Consumer Research* 36, no. 2 (2009): 160–172. とはいえ、これらの調査はたいてい、受動的な中断（たとえば、コマーシャルの時間）を対象とするもので、そうした中断は能動的な注意を必要とせず、その時点の余暇活動（たとえば、テレビの視聴）を行なう生産性コストに私たちは気づかない。

24 この事実は、民間のコンサルティング企業を通して募集したアメリカ人従業者600人の調査に由来する。David Kelleher, "Survey: 81% of US Employees Check Their Work Mail outside Work Hours," *TechTalk*, May 20, 2013, https://techtalk.gfi.com/survey-81-of-u-s-employees-check-their-work-mail-outside-work-hours/.

25 マルチタスキングがストレスに満ちているのは、「注意残余」を生むからだ。現時点から別の行動へ、それからまた現時点へ、という切り替えから頭が回復するには時間がかかる。S. Leroy, "Why Is It So Hard to Do My Work? The Challenge of Attention Residue When Switching Between Work Tasks," *Organizational Behavior and Human Decision Processes* 109, no. 2 (2009): 168–181. タスク切り替えにおける注意残余の経験は、切り替えているタスクと、それらのタスクについての私たちの考え方次第だ。S. Leroy and A. M. Schmidt, "The Effect of Regulatory Focus on Attention Residue and Performance during Interruptions," *Organizational Behavior and Human Decision Processes* 137 (2016): 218–235.

26 G. N. Tonietto, S. A. Malkoc, and S. M. Nowlis, "When an Hour Feels Shorter: Future Boundary Tasks Alter Consumption by Contracting Time," *Journal of Consumer Research* 45, no. 5 (2019): 1085–1102.

27 E. W. Dunn, A. V. Whillans, M. I. Norton, and L. B. Aknin, "Prosocial Spending and Buying Time: Money as a Tool for Increasing Well-Being," *Advances in Experimental Social Psychology* 61 (2020): 67–126.

28 G. E. Donnelly, T. Zheng, E. Haisley, and M. I. Norton, "The Amount and Source of Millionaires' Wealth (Moderately) Predicts Their Happiness," *Personality and Social Psychology Bulletin* 44, no. 5 (2018): 684–699.

29 K. Kushlev, E. W. Dunn, and R. E. Lucas, “Higher Income Is Associated with Less Daily Sadness but Not More Daily Happiness,” *Social Psychological and Personality Science* 6, no. 5 (2015): 483–489; and N. W. Hudson, R. E. Lucas, M. B. Donnellan, and K. Kushlev, “Income Reliably Predicts Daily Sadness, but Not Happiness: A Replication and Extension of Kushlev, Dunn, & Lucas (2015),” *Social Psychological and Personality Science* 7, no. 8 (2016): 828–836.

30 A. T. Jebb, L. Tay, E. Diener, and S. Oishi, “Happiness, Income Satiation and Turning Points around the World,” *Nature Human Behaviour* 2, no. 1 (2018): 33.

31 J. W. Zhang, R. T. Howell, and C. J. Howell, “Living in Wealthy Neighborhoods Increases Material Desires and Maladaptive Consumption,” *Journal of Consumer Culture* 16, no. 1 (2016): 297–316; and H. Kim, M. J. Callan, A. I. Gheorghiu, and W. J. Matthews, “Social Comparison, Personal Relative Deprivation, and Materialism,” *British Journal of Social Psychology* 56, no. 2 (2017): 373–392.

32 P. M. Ruberton, J. Gladstone, and S. Lyubomirsky, “How Your Bank Balance Buys Happiness: The Importance of ‘Cash on Hand’ to Life Satisfaction,” *Emotion* 16, no. 5 (2016): 575.

33 L. B. Aknin, M. I. Norton, and E. W. Dunn, “From Wealth to Well-Being? Money Matters, but Less than People Think,” *Journal of Positive Psychology* 4, no. 6 (2009): 523–527.

34 D. Kahneman, A. B. Krueger, D. Schkade, N. Schwarz, and A. A. Stone, “Would You Be Happier If You Were Richer? A Focusing Illusion,” *Science* 312, no. 5782 (2006): 1908–1910.

35 Hamermesh and Lee, “Stressed Out on Four Continents: Time Crunch or Yuppie Kvetch?”

36 S. E. DeVoe and J. Pfeffer, “Time Is Tight: How Higher Economic Value of Time Increases Feelings of Time Pressure,” *Journal of Applied Psychology* 96, no. 4 (2011): 665.

37 Ibid.

38 A. Furnham, M. Bond, P. Heaven, D. Hilton, T. Lobel, J. Masters, and H. Van Daalen, “A Comparison of Protestant Work Ethic Beliefs in Thirteen Nations,” *Journal of Social Psychology* 133, no. 2 (1993): 185–197. アメリカ（歴史的にも、現在も）における強固なプロテスタントの労働倫理の信念に照らすと、この国では忙しさはステータスシンボルと見られている。たとえばアメリカでは、自分はとても忙しいと言う人は、たっぷり余暇があると言う人よりも、高い社会的地位にあって富裕で重要だと見なされる。以下を参照のこと。Bellezza et al., “Conspicuous Consumption of Time: When Busyness and Lack of Leisure Time Become a Status Symbol.” This effect holds only in the United States and not in Europe.

39 J. D. Hur and L. F. Nordgren, “Paying for Performance: Performance Incentives Increase Desire for the Reward Object,” *Journal of Personality and Social Psychology* 111, no. 3 (2016): 301.

40 I. Dar-Nimrod, C. D. Rawn, D. R. Lehman, and B. Schwartz, "The Maximization Paradox: The Costs of Seeking Alternatives," *Personality and Individual Differences* 46, no. 495-6 (2009): 631–635; and S. I. Rick, C. E. Cryder, and G. Loewenstein, "Tightwads and Spendthrifts," *Journal of Consumer Research* 34, no. 6 (2008): 767–782.

41 幼い子どものいる従業者は時間のストレスを感じている。H. Buddelmeyer, D. S. Hamermesh, and M. Wooden, "The Stress Cost of Children on Moms and Dads," *European Economic Review* 109 (2018): 148–161; L. Craig and J. E. Brown, "Feeling Rushed: Gendered Time Quality, Work Hours, Nonstandard Work Schedules, and Spousal Crossover," *Journal of Marriage and Family* 79, no. 1 (2017): 225–242. 子どものいる忙しい従業者でさえ、時間よりもお金がもっとあったほうがいいと言う。A. V. Whillans, A. C. Weidman, and E. W. Dunn, "Valuing Time over Money Is Associated with Greater Happiness," *Social Psychological and Personality Science* 7, no. 3 (2016): 213–222, study 4.

42 A. V. Whillans, E. W. Dunn, P. Smeets, R. Bekkers, and M. I. Norton, "Buying Time Promotes Happiness," *Proceedings of the National Academy of Sciences* 114, no. 32 (2017): 8523–8527, study 9.

43 Data: Open Science Framework, "Time Use and Happiness of Millionaires," June 16, 2016, https://osf.io/vndmt/. 以下も参照のこと。P. Smeets, A. Whillans, R. Bekkers, and M. I. Norton, "Time Use and Happiness of Millionaires: Evidence from the Netherlands," *Social Psychological and Personality Science* 11, no. 3 (2020): 295–307.

44 D. Soman, "The Mental Accounting of Sunk Time Costs: Why Time Is Not Like Money," *Journal of Behavioral Decision Making* 14, no. 3 (2001): 169–185.

45 Derek Thompson, a staff writer for *The Atlantic*, provided this quotation in a February 2019 article, "Workism Is Making Americans Miserable," https://www.theatlantic.com/ideas/archive/2019/02/religion-workism-making-americans-miserable/583441/.

46 J. M. Horowitz and N. Graf, "Most U.S. Teens See Anxiety and Depression as a Major Problem Among Their Peers," Pew Research Center, February 20, 2019, https://www.pewsocialtrends.org/2019/02/20/most-u-s-teens-see-anxiety-and-depression-as-a-major-problem-among-their-peers/.

47 概説については、以下を参照のこと。 A. Keinan, S. Bellezza, and N. Paharia, "The Symbolic Value of Time," *Current Opinion in Psychology* 26 (2019): 58–61.

48 F. Solt, "The Standardized World Income Inequality Database," *Social Science Quarterly* 97, no. 5 (2016): 1267–1281.

49 P. K. Piff, M. W. Kraus, and D. Keltner, "Unpacking the Inequality Paradox: The Psychological Roots of Inequality and Social Class," *Advances in Experimental Social Psychology* 57 (2018): 53–124.

50 Whillans et al., "Valuing Time over Money Predicts Happiness after a Major Life Transition:

A Preregistered Longitudinal Study of Graduating Students."

51 A. Whillans, "Exchanging Cents for Seconds: The Happiness Benefits of Choosing Time over Money" (doctoral dissertation, University of British Columbia, 2017), study 5, section 2.9.

52 J. C. Lee, D. L. Hall, and W. Wood, "Experiential or Material Purchases? Social Class Determines Purchase Happiness," *Psychological Science* 29, no. 7 (2018): 1031–1039; and A. Whillans, A. Lee-Yoon, and E. W. Dunn, "When Guilt Undermines Consumer Willingness to Buy Time" (working paper, Harvard Business School, no. 18-057, January 2018, revised January 2020), study 2.

53 L. Park, Y. Hun Jung, J. Shultz-lee, D. Ward, P. Piff, and A. V. Whillans, "Psychological Pathways Linking Income Inequality in Adolescence to Well-Being in Adulthood" (working paper).

54 Bellezza et al., "Conspicuous Consumption of Time: When Busyness and Lack of Leisure Time Become a Status Symbol"; C. K. Hsee, A. X. Yang, and L. Wang, "Idleness Aversion and the Need for Justifiable Busyness," *Psychological Science* 21, no. 7 (2010), 926–930; and C. K. Hsee, J. Zhang, C. F. Cai, and S. Zhang, "Overearning," *Psychological Science* 24, no. 6 (2013): 852–859. 概説については、以下を参照のこと。 A. X. Yang and C. K. Hsee, "Idleness versus Busyness," *Current Opinion in Psychology* 26 (2019): 15–18.

55 Bellezza et al., "Conspicuous Consumption of Time: When Busyness and Lack of Leisure Time Become a Status Symbol."

56 T. D. Wilson, D. A. Reinhard, E. C. Westgate, D. T. Gilbert, N. Ellerbeck, C. Hahn, and A. Shaked, "Just Think: The Challenges of the Disengaged Mind," *Science* 345, no. 6192 (2014): 75–77.

57 N. Whitehead, "People Would Rather Be Electrically Shocked Than Left Alone with Their Thoughts," *Science*, July 3, 2014, https://www.sciencemag.org/news/2014/07/people-would-rather-be-electrically-shocked-left-alone-their-thoughts.

58 M. Haller, M. Hadler, and G. Kaup, "Leisure Time in Modern Societies: A New Source of Boredom and Stress?" *Social Indicators Research* 111, no. 2 (2013): 403–434.

59 概説については、以下を参照のこと。 J. D. Creswell, "Mindfulness Interventions," *Annual Review of Psychology* 68 (2017): 491–516.

60 G. Zauberman and J. G. Lynch Jr., "Resource Slack and Propensity to Discount Delayed Investments of Time Versus Money," *Journal of Experimental Psychology: General* 134, no. 1 (2005): 23.

61 H. E. Hershfield, "The Self over Time," *Current Opinion in Psychology* 26 (2019): 72–75.

62 R. Buehler, D. Griffin, and M. Ross, "Exploring the 'Planning Fallacy': Why People Underestimate Their Task Completion Times," *Journal of Personality and Social Psychology* 67,

no. 3 (1994): 366; and R. Buehler and D. Griffin, "Planning, Personality, and Prediction: The Role of Future Focus in Optimistic Time Predictions," *Organizational Behavior and Human Decision Processes* 92, no. 1-2 (2003): 80–90.

63 K. Wilcox, J. Laran, A. T. Stephen, and P. P. Zubcsek, "How Being Busy Can Increase Motivation and Reduce Task Completion Time," *Journal of Personality and Social Psychology* 110, no. 3 (2016): 371.

64 M. Zhu, Y. Yang, and C. K. Hsee, "The Mere Urgency Effect," *Journal of Consumer Research* 45, no. 3 (2018): 673–690.

65 Wilcox et al., "How Being Busy Can Increase Motivation and Reduce Task Completion Time."

第 2 章

1 人生における重要な決定は、主観的な幸せに持続的で大きな変化をもたらしうる。関連の調査については、以下を参照のこと。G. Marum, J. Clench-Aas, R. B. Nes, and R. K. Raanaas, "The Relationship between Negative Life Events, Psychological Distress and Life Satisfaction: A Population-Based Study," *Quality of Life Research* 23, no. 2 (2014): 601–611.

2 A. V. Whillans, A. C. Weidman, and E. W. Dunn, "Valuing Time over Money Is Associated with Greater Happiness," *Social Psychological and Personality Science* 7, no. 3 (2016): 213–222.

3 S. M. Tully and E. Sharma, "Context-Dependent Drivers of Discretionary Debt Decisions: Explaining Willingness to Borrow for Experiential Purchases," *Journal of Consumer Research* 44, no. 5 (2017): 960–973; S. M. Tully, H. E. Hershfield, and T. Meyvis, "Seeking Lasting Enjoyment with Limited Money: Financial Constraints Increase Preference for Material Goods over Experiences," *Journal of Consumer Research* 42, no. 1 (2015): 59–75; and L. E. Park, D. E. Ward, and K. Naragon-Gainey, "It's All About the Money (For Some): Consequences of Financially Contingent Self-Worth," *Personality and Social Psychology Bulletin* 43, no. 5 (2017): 601–622.

4 S. C. Matz, J. J. Gladstone, and D. Stillwell, "Money Buys Happiness When Spending Fits Our Personality," *Psychological Science* 27, no. 5 (2016): 715–725; and J. C. Lee, D. L. Hall, and W. Wood, "Experiential or Material Purchases? Social Class Determines Purchase Happiness," *Psychological Science* 29, no. 7 (2018): 1031–1039.

5 E. W. Dunn, A. V. Whillans, M. I. Norton, and L. B. Aknin, "Prosocial Spending and Buying Time: Money as a Tool for Increasing Well-Being," *Advances in Experimental Social Psychology* 61 (2020): 67–126.

6 L. I. Catalino and B. L. Fredrickson, "A Tuesday in the Life of a Flourisher: The Role of Positive Emotional Reactivity in Optimal Mental Health," *Emotion* 11, no. 4 (2011): 938.

7 C. Young and C. Lim, "Time as a Network Good: Evidence from Unemployment and the Standard Workweek," *Sociological Science* 1 (2014): 10.

8 M. P. White and P. Dolan, "Accounting for the Richness of Daily Activities," *Psychological Science* 20, no. 8 (2009): 1000-1008.

9 S. K. Nelson, K. Kushlev, and S. Lyubomirsky, "The Pains and Pleasures of Parenting: When, Why, and How Is Parenthood Associated with More or Less Well-Being?" *Psychological Bulletin* 140, no. 3 (2014): 846.

10 T. Burchardt, "Time, Income and Substantive Freedom: A Capability Approach," *Time and Society* 19, no. 3 (2010): 318-344.

11 R. E. Goodin, J. M. Rice, M. Bittman, and P. Saunders, "The Time-Pressure Illusion: Discretionary vs. Free Time," *Social Indicators Research* 73, no. 1 (2005): 43-70; and R. E. Goodin, J. M. Rice, A. Parpo, and L. Eriksson, *Discretionary Time: A New Measure of Freedom* (Cambridge: Cambridge University Press, 2008).

12 単純な行動が幸せに対して長続きする変化をもたらしうるかどうかや、いつどのようにもたらしうるかを取り上げた概説については、以下を参照のこと。S. Lyubomirsky and K. Layous, "How Do Simple Positive Activities Increase Well-Being?" *Current Directions in Psychological Science* 22, no. 1 (2013): 57-62; and K. Layous and S. Lyubomirsky, "The How, Who, What, When, and Why of Happiness: Mechanisms Underlying the Success of Positive Interventions," in *Light and Dark Side of Positive Emotion*, ed. J. Gruber and J. Moskowitz (Oxford: Oxford University Press, in press).

13 D. Kahneman and A. B. Krueger, "Developments in the Measurement of Subjective Well-Being," *Journal of Economic Perspectives* 20, no. 1 (2006): 3-24; A. B. Krueger, D. Kahneman, D. Schkade, N. Schwarz, and A. A. Stone, "National Time Accounting: The Currency of Life," in *Measuring the Subjective Well-Being of Nations: National Accounts of Time Use and Well-Being*, ed. A. B. Krueger (Chicago: University of Chicago Press, 2009), 9-86; and A. A. Stone and C. Mackie, National Academies of Sciences, Engineering, and Medicine, "The Subjective Well-Being Module of the American Time Use Survey: Assessment for Its Continuation," in *Subjective Well-Being: Measuring Happiness, Suffering, and Other Dimensions of Experience* (Washington, DC: National Academies Press, 2013).

14 A. Mani, S. Mullainathan, E. Shafir, and J. Zhao, "Poverty Impedes Cognitive Function," *Science* 341, no. 6149 (2013): 976-980; S. Mullainathan and E. Shafir, *Scarcity: Why Having Too Little Means So Much* (New York: Macmillan, 2013); G. V. Pepper and D. Nettle, "Strengths, Altered Investment, Risk Management, and Other Elaborations on the Behavioural Constellation of Deprivation," *Behavioral and Brain Sciences* 40 (2017); and A. K. Shah, S. Mullainathan, and E. Shafir, "Some Consequences of Having Too Little," *Science* 338, no. 6107 (2012): 682-685.

15 C. Roux, K. Goldsmith, and A. Bonezzi, "On the Psychology of Scarcity: When Reminders of Resource Scarcity Promote Selfish (and Generous) Behavior," *Journal of Consumer Research* 42, no. 4 (2015): 615–631; and Tully et al., "Seeking Lasting Enjoyment with Limited Money: Financial Constraints Increase Preference for Material Goods over Experiences."

16 E. L. Kelly and P. Moen, "Rethinking the Clockwork of Work: Why Schedule Control May Pay Off at Work and at Home," *Advances in Developing Human Resources* 9, no. 4 (2007): 487–506; E. L. Kelly, P. Moen, and E. Tranby, "Changing Workplaces to Reduce Work-Family Conflict: Schedule Control in a White-Collar Organization," *American Sociological Review* 76, no. 2 (2011): 265–290; P. Moen, E. L. Kelly, E. Tranby, and Q. Huang, "Changing Work, Changing Health: Can Real Work-Time Flexibility Promote Health Behaviors and Well-Being?" *Journal of Health and Social Behavior* 52, no. 4 (2011): 404–429; and P. Moen, E. L. Kelly, and R. Hill, "Does Enhancing Work-Time Control and Flexibility Reduce Turnover? A Naturally Occurring Experiment," *Social Problems* 58, no. 1 (2011): 69–98.

17 概説については、以下を参照のこと。 E. E. Kossek, L. B. Hammer, E. L. Kelly, and P. Moen, "Designing Work, Family & Health Organizational Change Initiatives," *Organizational Dynamics* 43, no. 1 (2014): 53.

18 P. Smeets, A. Whillans, R. Bekkers, and M. I. Norton, "Time Use and Happiness of Millionaires: Evidence from the Netherlands," *Social Psychological and Personality Science* 11, no. 3 (2020): 295–307.

19 N. Lathia, G. M. Sandstrom, C. Mascolo, and P. J. Rentfrow, "Happier People Live More Active Lives: Using Smartphones to Link Happiness and Physical Activity," *PLOS ONE* 12, no. 1 (2017).

20 Smeets et al., "Time Use and Happiness of Millionaires: Evidence from the Netherlands"; for a review, see Mogilner et al., "Time, Money, and Subjective Well-Being."

21 データは依頼に応じて提供可能。

22 B. Schwartz, A. Ward, J. Monterosso, S. Lyubomirsky, K. White, and D. R. Lehman, "Maximizing Versus Satisficing: Happiness Is a Matter of Choice," *Journal of Personality and Social Psychology* 83, no. 5 (2002): 1178.

23 J. Holt-Lunstad, T. B. Smith, M. Baker, T. Harris, and D. Stephenson, "Loneliness and Social Isolation as Risk Factors for Mortality: A Meta-Analytic Review," *Perspectives on Psychological Science* 10, no. 2 (2015): 227–237.

24 G. M. Sandstrom and E. W. Dunn, "Social Interactions and Well-Being: The Surprising Power of Weak Ties," *Personality and Social Psychology Bulletin* 40, no. 7 (2014): 910–922; G. M. Sandstrom and E. W. Dunn, "Is Efficiency Overrated? Minimal Social Interactions Lead to Belonging and Positive Affect," *Social Psychological and Personality Science* 5, no. 4 (2014): 437–442; N. Epley and J. Schroeder, "Mistakenly Seeking Solitude," *Journal of Experimental*

Psychology: General 143, no. 5 (2014): 1980; and E. J. Boothby, G. Cooney, G. M. Sandstrom, and M. S. Clark, "The Liking Gap in Conversations: Do People Like Us More Than We Think?" *Psychological Science* 29, no. 11 (2018): 1742-1756.

25 C. Mogilner, Z. Chance, and M. I. Norton, "Giving Time Gives You Time," *Psychological Science* 23, no. 10 (2012): 1233-1238; and Z. Chance and M. I. Norton, "I Give Therefore I Have: Charitable Giving and Subjective Wealth," paper presented at the Association for Consumer Research Annual North American Conference, Jacksonville, FL, October 1, 2010. 私たちは貴重な資源（たとえば時間やお金）を自分が分け与えているのに気づくと、自分にはそうした資源が十分あるに違いないというシグナルが、自身に送られる。これは、「自己知覚理論」として知られている。D. J. Bem, "Self-Perception Theory," *Advances in Experimental Social Psychology* 6 (1972): 1-62.

26 M. Rudd, K. D. Vohs, and J. Aaker, "Awe Expands People's Perception of Time, Alters Decision Making, and Enhances Well-Being," *Psychological Science* 23, no. 10 (2012): 1130-1136.

27 D. Keltner and J. Haidt, "Approaching Awe, a Moral, Spiritual, and Aesthetic Emotion," *Cognition and Emotion* 17 (2003): 297-314; P. K. Piff, P. Dietze, M. Feinberg, D. M. Stancato, and D. Keltner, "Awe, the Small Self, and Prosocial Behavior," *Journal of Personality and Social Psychology* 108, no. 6 (2015): 883; J. W. Zhang, P. K. Piff, R. Iyer, S. Koleva, and D. Keltner, "An Occasion for Unselfing: Beautiful Nature Leads to Prosociality," *Journal of Environmental Psychology* 37 (2014): 61-72.

28 M. E. Porter and N. Nohria, "How CEOs Manage Time," *Harvard Business Review*, July-August 2018.（「CEO の時間管理」『ハーバード・ビジネス・レビュー』2018年9月号）

29 Dunn et al., "Prosocial Spending and Buying Time: Money as a Tool for Increasing Well-Being."

30 S. Frederick, N. Novemsky, J. Wang, R. Dhar, and S. Nowlis, "Opportunity Cost Neglect," *Journal of Consumer Research* 36, no. 4 (2009): 553-561; and M. Gagne and A. Whillans, "Overcoming Barriers to Buying Happier Time," *Undergraduate Journal of Psychology* 75 (2016). Data available upon request.

31 A. V. Whillans, "Time for Happiness: Why the Pursuit of Money Isn't Bringing You Joy-And What Will," Special issues on HBR Big Idea: Time Poor and Unhappy, hbr.org, January 29, 2019, https://www.hbs.edu/faculty/Pages/item.aspx?num=55600.（「お金と時間の幸福論」『ハーバード・ビジネス・レビュー』2019年9月号）

32 Whillans, "Time for Happiness."

33 Whillans, "Time for Happiness."

34 この参加者は、『ニューヨーク・タイムズ』紙と共同で行なったオンラインのデー

タ収集を通して採用した。『ニューヨーク・タイムズ』紙は、参加者の名前と、個人を特定できる情報をすべて伏せておくという条件付きで、集めたデータを同紙が掲載した記事の一部として私が使うことを許可してくれた。C. Richards, “Maybe You Shouldn’t Outsource Everything After All,” May 7, 2018, https://www.nytimes.com/2018/05/07/your-money/outsource-happiness.html.

35 A. V. Whillans and C. West, “Alleviating Time Poverty Among the Working Poor” (working paper, Harvard Business School, 2020), https://www.aeaweb.org/conference/2020/preliminary/paper/3rf3SEb2.

36 A. V. Whillans and E. W. Dunn, “When Guilt Undermines Consumer Willingness to Buy Time” (working paper, Harvard Business School, no. 18-057, January 2018, revised January 2020), study 2.

37 A. Lee-Yoon, G. Donnelly, and A. V. Whillans, “Overcoming Resource Scarcity: Consumers’ Responses to Gifts Intending to Save Time and Money” (working paper, Harvard Business School, no. 20-072, 2020).

38 この参加者は、『ニューヨーク・タイムズ』紙と共同で行なったオンラインのデータ収集を通して採用した。『ニューヨーク・タイムズ』紙は、参加者の名前と、個人を特定できる情報をすべて伏せておくという条件付きで、集めたデータを同紙が掲載した記事の一部として私が使うことを許可してくれた。C. Richards, “Maybe You Shouldn’t Outsource Everything After All,” May 7, 2018, https://www.nytimes.com/2018/05/07/your-money/outsource-happiness.html.

39 A. V. Whillans, J. Pow, and M. I. Norton, “Buying Time Promotes Relationship Satisfaction” (working paper, Harvard Business School, no. 18-072, January 2020); and M. S. Clark and J. Mils, “The Difference Between Communal and Exchange Relationships: What It Is and Is Not,” *Personality and Social Psychology Bulletin* 19, no. 6 (1993): 684–691.

40 Lee-Yoon et al., “Overcoming Resource Scarcity: Consumers’ Responses to Gifts Intending to Save Time and Money.”

41 J. Galak, J. Givi, and E. F. Williams, “Why Certain Gifts Are Great to Give but Not to Get: A Framework for Understanding Errors in Gift Giving,” *Current Directions in Psychological Science* 25, no. 6 (2016): 380–385.

42 P. E. Jose, B. T. Lim, and F. B. Bryant, “Does Savoring Increase Happiness? A Daily Diary Study,” *Journal of Positive Psychology* 7, no. 3 (2012): 176–187; and J. Quoidbach, E. V. Berry, M. Hansenne, and M. Mikolajczak, “Positive Emotion Regulation and Well-Being: Comparing the Impact of Eight Savoring and Dampening Strategies,” *Personality and Individual Differences* 49, no. 5 (2010): 368–373.

43 C. West, C. Mogilner, and S. DeVoe, “Taking Vacation Increases Meaning at Work,” *ACR North American Advances* (2017). 概説については、以下を参照のこと。C. Mogilner, H.

E. Hershfield, and J. Aaker, "Rethinking Time: Implications for Well-Being," *Consumer Psychology Review* 1, no. 1 (2018): 41–53.

44 J. Etkin, I. Evangelidis, and J. Aaker, "Pressed for Time? Goal Conflict Shapes How Time Is Perceived, Spent, and Valued," *Journal of Marketing Research* 52, no. 3 (2015): 394–406.

45 A. J. Crum, P. Salovey, and S. Achor, "Rethinking Stress: The Role of Mindsets in Determining the Stress Response," *Journal of Personality and Social Psychology* 104, no. 4 (2013): 716; and O. H. Zahrt and A. J. Crum, "Perceived Physical Activity and Mortality: Evidence from Three Nationally Representative US Samples," *Health Psychology* 36, no. 11 (2017): 1017.

46 Crum et al., "Rethinking Stress: The Role of Mindsets in Determining the Stress Response."

47 J. Jachimowicz, J. Lee, B. R. Staats, J. Menges, and F. Gino, "Between Home and Work: Commuting as an Opportunity for Role Transitions" (working paper, Harvard Business School NOM Unit, no. 16-077, 2019).

48 L. L. Carstensen, "Selectivity Theory: Social Activity in Life-Span Context," *Annual Review of Gerontology and Geriatrics* 11, no. 1 (1991): 195–217; L. L. Carstensen, "Social and Emotional Patterns in Adulthood: Support for Socioemotional Selectivity Theory," *Psychology and Aging* 7, no. 3 (1992): 331; and L. L. Carstensen, "Evidence for a Life-Span Theory of Socioemotional Selectivity," *Current Directions in Psychological Science* 4, no. 5 (1995): 151–156.

49 A. Bhattacharjee and C. Mogilner, "Happiness from Ordinary and Extraordinary Experiences," *Journal of Consumer Research* 41, no. 1 (2013): 1–17.

50 J. L. Kurtz, "Looking to the Future to Appreciate the Present: The Benefits of Perceived Temporal Scarcity," *Psychological Science* 19, no. 12 (2008): 1238–1241; and K. Layous, J. Kurtz, J. Chancellor, and S. Lyubomirsky, "Reframing the Ordinary: Imagining Time As Scarce Increases Well-Being," *Journal of Positive Psychology* 13, no. 3 (2018): 301–308.

51 J. Quoidbach and E. W. Dunn, "Give It Up: A Strategy for Combating Hedonic Adaptation," *Social Psychological and Personality Science* 4, no. 5 (2013): 563–568.

52 基本的なデータは依頼に応じて提供可能。

53 R. A. Emmons and C. M. Shelton, "Gratitude and the Science of Positive Psychology," *Handbook of Positive Psychology* 18 (2002): 459–471; and J. W. Pennebaker, "Writing About Emotional Experiences as a Therapeutic Process," *Psychological Science* 8, no. 3 (1997): 162–166.

54 M. Li and S. DeVoe, "Putting Off Balance for Later: A Temporal Construal Approach to Time Allocation" (working paper, UCLA School of Management, 2020).

55 E. T. Higgins, "Value from Regulatory Fit," *Current Directions in Psychological Science* 14, no. 4 (2005): 209–213; and J. Cesario, H. Grant, and E. T. Higgins, "Regulatory Fit and

Persuasion: Transfer from 'Feeling Right,' " *Journal of Personality and Social Psychology* 86, no. 3 (2004): 388.

56 Whillans et al., "Valuing Time over Money Is Associated with Greater Happiness."

57 出典は以下の通り。D. Soman, "The Mental Accounting of Sunk Time Costs: Why Time Is Not Like Money," *Journal of Behavioral Decision Making* 14, no. 3 (2001): 169–185.

58 H. Collins and A. V. Whillans, "Accounting for Time," hbr.org, January 30, 2019, https://hbr.org/2019/01/accounting-for-time.（「時間が生む幸福感をお金に換算する」『ハーバード・ビジネス・レビュー』2019年9月号）

59 S. Moore and J. P. Shepherd, "The Cost of Fear: Shadow Pricing the Intangible Costs of Crime," *Applied Economics* 38, no. 3 (2006): 293–300; N. Powdthavee, "Putting a Price Tag on Friends, Relatives, and Neighbours: Using Surveys of Life Satisfaction to Value Social Relationships," *Journal of Socio-Economics* 37, no. 4 (2008): 1459–1480; and N. Powdthavee and B. Van Den Berg, "Putting Different Price Tags on the Same Health Condition: Re-Evaluating the Well-Being Valuation Approach," *Journal of Health Economics* 30, no. 5 (2011): 1032–1043.

60 幸福感という増収は、私が以前に行なった調査に基づいている。その調査から、世帯収入が1万ドル増えると、幸福感が10段階評価で約0.5ポイント上がることがわかった。この増収は、アメリカに暮らすアメリカ人従業者を全国的に代表するようなサンプル（1265人）で見られた。人々の幸福感の評価が約0.5ポイント上がることを示すデータは、時間を買うと直接幸福感が増すことを示す実験にも基づいている。これらの調査はともに、以下で報告してある。A. V. Whillans, E. W. Dunn, P. Smeets, R. Bekkers, and M. I. Norton, "Buying Time Promotes Happiness," *Proceedings of the National Academy of Sciences* 114, no. 32 (2017): 8523–8527, study 9.

61 私がこれらの例で年収を5万ドルに設定したのは、アメリカ合衆国国勢調査局による、アメリカにおける年間世帯収入の中央値よりわずかに少なく、しかも、切りが良いからだ。同調査局の報告によると、2018年の世帯収入の中央値は6万1372ドルだったという。https://www.census.gov/library/stories/2018/09/highest-median-household-income-on-record.html.

62 L. Giurge and A. V. Whillans, "Beyond Material Poverty: Why Time Poverty Matters for Individuals, Organisations, and Nations" (working paper, Harvard Business School, no. 20-051, 2020).

63 Study 4 of Whillans et al., "Valuing Time over Money Is Associated with Greater Happiness."

64 I. Dar-Nimrod, C. D. Rawn, D. R. Lehman, and B. Schwartz, "The Maximization Paradox: The Costs of Seeking Alternatives," *Personality and Individual Differences* 46, no. 5-6 (2009): 631–635.

65 基本的なデータは依頼に応じて提供可能。

66 Whillans, "Time for Happiness: Why the Pursuit of Money Isn't Bringing You Joy—And What Will." (「お金と時間の幸福論」『ハーバード・ビジネス・レビュー』2019年9月号)

67 消費者の10人に9人が、オンラインショッピングをするときにお買い得品を探す。これには約32分かかる。H. Leggatt, "Survey Reveals How Long Shoppers Spend Comparing Prices Online," *BizReport*, November 3, 2014, http://www.bizreport.com/2014/11/survey-reveals-how-long-shoppers-spend-comparing-prices-online.html.

68 Collins and Whillans, "Accounting for Time." (「時間が生む幸福感をお金に換算する」『ハーバード・ビジネス・レビュー』2019年9月号)

69 N. Powdthavee, "Putting a Price Tag on Friends, Relatives, and Neighbours: Using Surveys of Life Satisfaction to Value Social Relationships," *Journal of Socio-Economics* 37, no. 4 (2008): 1459-1480.

第3章

1 A. Whillans, "Exchanging Cents for Seconds: The Happiness Benefits of Choosing Time over Money" (doctoral dissertation, University of British Columbia, 2017).

2 E. W. Dunn, A. V. Whillans, M. I. Norton, and L. B. Aknin, "Prosocial Spending and Buying Time: Money As a Tool for Increasing Well-Being," *Advances in Experimental Social Psychology* 61 (2020): 67-126.

3 S. E. Lea and P. Webley, "Money as Tool, Money as Drug: The Biological Psychology of a Strong Incentive," *Behavioral and Brain Sciences* 29, no. 2 (2006): 161-209.

4 K. D. Vohs, "Money Priming Can Change People's Thoughts, Feelings, Motivations, and Behaviors: An Update on 10 Years of Experiments," *Journal of Experimental Psychology: General* 144, no. 4 (2015): e86.

5 R. D. Horan, E. Bulte, and J. F. Shogren, "How Trade Saved Humanity from Biological Exclusion: An Economic Theory of Neanderthal Extinction," *Journal of Economic Behavior and Organization* 58, no. 1 (2005): 1-29.

6 Lea and Webley, "Money as Tool, Money as Drug: The Biological Psychology of a Strong Incentive."

7 2016年、インド政府は500ルピー紙幣と1000ルピー紙幣を廃止した。この決定は、汚職を減らすためだった。インドは現金経済であり、この廃止の時点では、取引の多くが500ルピー以上の紙幣で行なわれていた。したがって、それらの紙幣の使用を制限された国民が怒ったのも、ある程度うなずける。"India Scraps 500 and 1,000 Rupee Bank Notes Overnight," BBC, November 9, 2016, https://www.bbc.com/news/

business-37906742.

8 Y. Zhou, Y. Wang, L. L. Rao, L. Q. Yang, and S. Li, "Money Talks: Neural Substrate of Modulation of Fairness by Monetary Incentives," *Frontiers in Behavioral Neuroscience* 8 (2014): 150; C. C. Wu, Y. F. Liu, Y. J. Chen, and C. J. Wang, "Consumer Responses to Price Discrimination: Discriminating Bases, Inequality Status, and Information Disclosure Timing Influences," *Journal of Business Research* 65, no. 1 (2012): 106–116; and T. Kim, T. Zhang, and M. I. Norton, "Pettiness in Social Exchange," *Journal of Experimental Psychology: General* 148, no. 2 (2019): 361.

9 A. Gasiorowska, L. N. Chaplin, T. Zaleskiewicz, S. Wygrab, and K. D. Vohs, "Money Cues Increase Agency and Decrease Prosociality Among Children: Early Signs of Market-Mode Behaviors," *Psychological Science* 27, no. 3 (2016): 331–344. これらの実験の一部が再現できないことを示す証拠があり、お金を思い出させるものが、課題に取り組む意欲あるいは他者を助ける意欲を形作るかどうか、そして、形作るとすればそれはいつかを予測する要因が複数あることがうかがわれる。以下を参照のこと。E. M. Caruso, O. Shapira, and J. F. Landy, "Show Me the Money: A Systematic Exploration of Manipulations, Moderators, and Mechanisms of Priming Effects," *Psychological Science* 28, no. 8 (2017): 1148–1159.

10 H. E. Hershfield, C. Mogilner, and U. Barnea, "People Who Choose Time over Money Are Happier," *Social Psychological and Personality Science* 7, no. 7 (2016): 697–706.

11 T. Kasser, "Materialistic Values and Goals," *Annual Review of Psychology* 67 (2016): 489–514.

12 P. M. Gollwitzer, "Implementation Intentions: Strong Effects of Simple Plans," *American Psychologist* 54, no. 7 (1999): 493.

13 K. L. Milkman, J. Beshears, J. J. Choi, D. Laibson, and B. C. Madrian, "Using Implementation Intentions Prompts to Enhance Influenza Vaccination Rates," *Proceedings of the National Academy of Sciences* 108, no. 26 (2011): 10415–10420; K. L. Milkman, J. Beshears, J. J. Choi, D. Laibson, and B. C. Madrian, "Planning Prompts As a Means of Increasing Preventive Screening Rates," *Preventive Medicine* 56, no. 1 (2013): 92–93; D. W. Nickerson and T. Rogers, "Do You Have a Voting Plan? Implementation Intentions, Voter Turnout, and Organic Plan Making," *Psychological Science* 21, no. 2 (2010): 194–199; T. Rogers, K. L. Milkman, L. John, and M. I. Norton, "Making the Best-Laid Plans Better: How Plan Making Increases Follow-Through," *Behavioral Science and Policy* (2013); and T. Rogers, K. L. Milkman, L. K. John, and M. I. Norton, "Beyond Good Intentions: Prompting People to Make Plans Improves Follow-Through on Important Tasks," *Behavioral Science and Policy* 1, no. 2 (2015): 33–41.

14 K. E. Lee, K. J. Williams, L. D. Sargent, N. S. Williams, and K. A. Johnson, "40-Second Green Roof Views Sustain Attention: The Role of Micro-Breaks in Attention Restoration,"

Journal of Environmental Psychology 42 (2015): 182–189; and K. A. MacLean, E. Ferrer, S. R. Aichele, D. A. Bridwell, A. P. Zanesco, T. L. Jacobs, B. G. King, et al., "Intensive Meditation Training Improves Perceptual Discrimination and Sustained Attention," *Psychological Science* 21, no. 6 (2010): 829–839.

15 N. Fitz, K. Kushlev, R. Jagannathan, T. Lewis, D. Paliwal, and D. Ariely, "Batching Smartphone Notifications Can Improve Well-Being," *Computers in Human Behavior* 101 (2019): 84–94.

16 A. V. Whillans and F. S. Chen, "Facebook Undermines the Social Belonging of First Year Students," *Personality and Individual Differences* 133 (2018): 13–16; and K. Burnell, M. J. George, J. W. Vollet, S. E. Ehrenreich, and M. K. Underwood, "Passive Social Networking Site Use and Well-Being: The Mediating Roles of Social Comparison and the Fear of Missing Out," *Cyberpsychology: Journal of Psychosocial Research on Cyberspace* 13, no. 3 (2019).

17 S. M. Schueller, "Personality Fit and Positive Interventions: Extraverted and Introverted Individuals Benefit from Different Happiness Increasing Strategies," *Psychology* 3, no. 12 (2012): 1166.

18 G. Tonietto and S. A. Malkoc, "The Calendar Mindset: Scheduling Takes the Fun Out and Puts the Work In," *Journal of Marketing Research* 53, no. 6 (2016): 922–936.

19 G. N. Tonietto, S. A. Malkoc, and S. M. Nowlis, "When an Hour Feels Shorter: Future Boundary Tasks Alter Consumption by Contracting Time," *Journal of Consumer Research* 45, no. 5 (2019): 1085–1102.

20 Ibid.

21 G. M. Sandstrom and E. W. Dunn, "Is Efficiency Overrated? Minimal Social Interactions Lead to Belonging and Positive Affect," *Social Psychological and Personality Science* 54, no. 4 (2014): 437–442.

22 M. S. Granovetter, "The Strength of Weak Ties," in *Social Networks*, ed. S. Leinhart (New York: Academic Press, 1977), 347–367; and M. Granovetter, "The Strength of Weak Ties: A Network Theory Revisited," *Sociological Theory* 1 (1983): 201–233.

23 A. L. Sellier and T. Avnet, "So, What If the Clock Strikes? Scheduling Style, Control, and Well-Being," *Journal of Personality and Social Psychology* 107, no. 5 (2014): 791.

24 T. Avnet and A. L. Sellier, "Clock Time vs. Event Time: Temporal Culture or Self-Regulation?" *Journal of Experimental Social Psychology* 47, no. 3 (2011): 665–667.

25 概説については、以下を参照のこと。 A. L. Sellier and T. Avnet, "Scheduling Styles," *Current Opinion in Psychology* 26 (2019): 76–79.

26 T. Rogers and K. L. Milkman, "Reminders through Association," *Psychological Science* 27, no. 7 (2016): 973–986.

27 C. Blank, L. M. Giurge, L. Newman, and A. Whillans, "Getting Your Team to Do More

Than Meet Deadlines," hbr.org, November 15, 2019, https://hbr.org/2019/11/getting-your-team-to-do-more-than-meet-deadlines.（「緊急性は低いが重要性の高いタスクを先送りさせない方法」https://www.dhbr.net/articles/-/6383）。

28 A. Thibault Landry and A. Whillans, "The Power of Workplace Rewards: Using Self-Determination Theory to Understand Why Reward Satisfaction Matters for Workers Around the World," *Compensation and Benefits Review* 50, no. 3 (2018): 123–148.

29 M. Kosfeld and S. Neckermann, "Getting More Work for Nothing? Symbolic Awards and Worker Performance," *American Economic Journal: Microeconomics* 3, no. 3 (2011): 86–99.

30 L. Shen, A. Fishbach, and C. K. Hsee, "The Motivating-Uncertainty Effect: Uncertainty Increases Resource Investment in the Process of Reward Pursuit," *Journal of Consumer Research* 41, no. 5 (2014): 1301–1315.

31 G. Grolleau, M. G. Kocher, and A. Sutan, "Cheating and Loss Aversion: Do People Cheat More to Avoid a Loss?" *Management Science* 62, no. 12 (2016): 3428–3438.

32 L. Pierce, A. Rees-Jones, and C. Blank, "The Negative Consequences of Loss-Framed Performance Incentives" (working paper, National Bureau of Economic Research, no. 26619, 2020).

33 人々が自分の時間を取り戻すのを助けている、最新のテクノロジーの応用例を要約したものとして、私がこのテーマで書いた、以下の記事を参照のこと。"Our Smartphone Addiction Is Killing Us: Can Apps That Limit Screen Time Offer a Lifeline?" *Conversation*, April 30, 2019, https://theconversation.com/our-smartphone-addiction-is-killing-us-can-apps-that-limit-screen-time-offer-a-lifeline-116220.

34 M. Zhu, Y. Yang, and C. K. Hsee, "The Mere Urgency Effect," *Journal of Consumer Research* 45, no. 3 (2018): 673–690.

35 C. Blank, L. M. Giurge, L. Newman, and A. Whillans, "Getting Your Team to Do More Than Meet Deadlines," hbr.org, November 15, 2019, https://hbr.org/2019/11/getting-your-team-to-do-more-than-meet-deadlines.（「緊急性は低いが重要性の高いタスクを先送りさせない方法」https://www.dhbr.net/articles/-/6383）。

36 S. E. DeVoe and J. House, "Time, Money, and Happiness: How Does Putting a Price on Time Affect Our Ability to Smell the Roses?" *Journal of Experimental Social Psychology* 48, no. 2 (2012): 466–474; J. House, S. E. DeVoe, and C. B. Zhong, "Too Impatient to Smell the Roses: Exposure to Fast Food Impedes Happiness," *Social Psychological and Personality Science* 5, no. 5 (2014): 534–541. これらの研究結果の再現性を巡って議論が起こっている。次の研究は、時間に金銭的な価値を付与すると余暇の楽しみが損なわれることを示せなかった。S. Connors, M. Khamitov, S. Moroz, L. Campbell, and C. Henderson, "Time, Money, and Happiness: Does Putting a Price on Time Affect Our Ability to Smell the Roses?" *Journal of Experimental Social Psychology* 67 (2016): 60–64. とはいえ、ごくわずか

のお金のために余暇を進んで犠牲にするオンライン従業者たちの時間とお金のトレードオフの調査は、理想的ではないかもしれない。以下を参照のこと。S. E. DeVoe and J. House, "Replications with MTurkers Who Are Naïve Versus Experienced with Academic Studies: A Comment on Connors, Khamitov, Moroz, Campbell, and Henderson (2015)," *Journal of Experimental Social Psychology* 100, no. 67 (2016): 65–67. 文献の現状に関する最近の概説については、以下を参照のこと。S. E. DeVoe, "The Psychological Consequence of Thinking about Time in Terms of Money," *Current Opinion in Psychology* 26 (2019): 103–105.

37 J. Etkin, "The Hidden Cost of Personal Quantification," *Journal of Consumer Research* 42, no. 6 (2016): 967–984.

38 L. E. Aknin, E. W. Dunn, and M. I. Norton, "Happiness Runs in a Circular Motion: Evidence for a Positive Feedback Loop between Prosocial Spending and Happiness," *Journal of Happiness Studies* 13, no. 2 (2012): 347–355. M. A. Cohn and B. L. Fredrickson, "In Search of Durable Positive Psychology Interventions: Predictors and Consequences of Long-Term Positive Behavior Change," *Journal of Positive Psychology* 5, no. 5 (2010): 355–366. B. L. Fredrickson, "The Broaden-and-Build Theory of Positive Emotions," *Philosophical Transactions of the Royal Society of London, Series B: Biological Sciences* 359, no. 1449 (2004): 1367–1377.

39 G. Loewenstein, "Hot-Cold Empathy Gaps and Medical Decision Making," *Health Psychology* 24, no. 4S (2005): S49. G. Loewenstein, "Emotions in Economic Theory and Economic Behavior," *American Economic Review* 90, no. 2 (2000): 426–432; and G. Loewenstein and D. Schkade, "Wouldn't It Be Nice? Predicting Future Feelings," *Well-Being: The Foundations of Hedonic Psychology* (1999): 85–105.

40 S. M. McCrea, "Self-Handicapping, Excuse Making, and Counterfactual Thinking: Consequences for Self-Esteem and Future Motivation," *Journal of Personality and Social Psychology* 95, no. 2 (2008): 274.

41 P. A. Siegel, J. Scillitoe, and R. Parks-Yancy, "Reducing the Tendency to Self-Handicap: The Effect of Self-Affirmation," *Journal of Experimental Social Psychology* 41, no. 6 (2005): 589–597.

第４章

1 A. Whillans, L. Macchia, and E. Dunn, "Valuing Time over Money Predicts Happiness after a Major Life Transition: A Preregistered Longitudinal Study of Graduating Students," *Science Advances* 5, no. 9 (2019): eaax2615.

2 K. Woolley and A. Fishbach, "The Experience Matters More Than You Think: People Value

Intrinsic Incentives More Inside Than Outside an Activity," *Journal of Personality and Social Psychology* 109, no. 6 (2015): 968.

3 Whillans et al., "Valuing Time over Money Predicts Happiness after a Major Life Transition: A Preregistered Longitudinal Study of Graduating Students."

4 Woolley and Fishbach, "The Experience Matters More Than You Think: People Value Intrinsic Incentives More Inside Than Outside an Activity"; and A. A. Scholer, D. B. Miele, K. Murayama, and K. Fujita, "New Directions in Self-Regulation: The Role of Metamotivational Beliefs," *Current Directions in Psychological Science* 27, no. 6 (2018): 437–442.

5 A. V. Whillans, R. Dwyer, J. Yoon, and A. Schweyer, "From Dollars to Sense: Placing a Monetary Value on Non-Cash Compensation Encourages Employees to Value Time over Money" (working paper, Harvard Business School, no. 18-059, 2019).

6 Whillans, Dwyer, Yoon, and Schweyer, "From Dollars to Sense."

7 アメリカ人は通勤に片道26分費やす。C. Ingraham, "The Astonishing Human Potential Wasted on Commutes," *Washington Post*, February 25, 2016, https://www.washingtonpost.com/news/wonk/wp/2016/02/25/how-much-of-your-life-youre-wasting-on-your-commute/.

8 引用した参加者は、スライヴ・グローバル社が行なった研究プロジェクトのために面接を受けた。面接の全容は、以下で閲覧可能。The Money Mix, "Is Your Commute Making You Miserable?" *Thrive Global*, July 16, 2019, https://thriveglobal.com/stories/is-your-commute-making-you-miserable/.

9 研究者は通勤を役割切り替えの場と定義することが多い。なぜなら、自宅と職場の間の時間と空間だからだ。以下を参照のこと。J. Jachimowicz, J. Lee, B. R. Staats, J. Menges, and F. Gino, "Between Home and Work: Commuting as an Opportunity for Role Transitions" (working paper, Harvard Business School NOM Unit, no. 16-077, 2019).

10 L. Karsten, "Housing as a Way of Life: Towards an Understanding of Middle-Class Families' Preference for an Urban Residential Location," *Housing Studies* 22, no. 1 (2007) 83–98; and M. Van der Klis and L. Karsten, "The Commuter Family as a Geographical Adaptive Strategy for the Work–Family Balance," *Community, Work and Family* 12, no. 3 (2009): 339–354.

11 H. Jarvis, "Moving to London Time: Household Co-Ordination and the Infrastructure of Everyday Life," *Time and Society* 14, no. 1 (2005): 133–154.

12 T. Schwanen and T. De Jong, "Exploring the Juggling of Responsibilities with Space-Time Accessibility Analysis," *Urban Geography* 29, no. 6 (2008): 556–580.

13 T. Schwanen, "Managing Uncertain Arrival Times Through Socio-Material Associations," *Environment and Planning B: Planning and Design* 35, no. 6 (2008): 997–1011, https://www.vtpi.org/ihasc.pdf.

14 J. Etkin and C. Mogilner, "Does Variety Among Activities Increase Happiness?" *Journal of*

Consumer Research 43, no. 2 (2016): 210–229; and K. M. Sheldon, J. Boehm, and S. Lyubomirsky, “Variety Is the Spice of Happiness: The Hedonic Adaptation Prevention Model,” in *Oxford Handbook of Happiness*, ed. I. Boniwell, S. A. David, and A. C. Ayers (Oxford: Oxford University Press, 2013), 901–914.

15 L. J. Levine and M. A. Safer, “Sources of Bias in Memory for Emotions,” *Current Directions in Psychological Science* 11, no. 5 (2002): 169–173; and T. D. Wilson and D. T. Gilbert, “Affective Forecasting,” *Advances in Experimental Social Psychology* 35, no. 35 (2003): 345–411.

16 K. Kushlev, S. J. Heintzelman, S. Oishi, and E. Diener, “The Declining Marginal Utility of Social Time for Subjective Well-Being,” *Journal of Research in Personality* 74 (2018): 124–140.

17 Kushlev, Heintzelman, Oishi, and Diener, “The Declining Marginal Utility of Social Time for Subjective Well-Being.”

18 A. M. Grant and B. Schwartz, “Too Much of a Good Thing: The Challenge and Opportunity of the Inverted U,” *Perspectives on Psychological Science* 6, no. 1 (2011): 61–76.

19 R. Wiseman, *The Luck Factor* (New York: Random House, 2004).（『運のいい人の法則』矢羽野薫訳、角川文庫、2011年）

20 R. Wiseman and C. Watt, “Measuring Superstitious Belief: Why Lucky Charms Matter,” *Personality and Individual Differences* 37 (2004): 1533–1541.

21 即興は、アメリカの一流ビジネススクールで教えられている。なぜなら即興は、人が新しいアイデアを進んで取り入れることを奨励するからだ。受講案内の例として、以下を参照のこと。Stanford Graduate School of Business, “Humor: Serious Business,”（日付不明）, https://humor-seriousbusiness.stanford.edu/.

22 M. Akinola, A. E. Martin, and K. W. Phillips, “To Delegate or Not to Delegate: Gender Differences in Affective Associations and Behavioral Responses to Delegation,” *Academy of Management Journal* 61, no. 4 (2018): 1467–1491; and L. Anik and M. I. Norton, “Matchmaking Promotes Happiness,” *Social Psychological and Personality Science* 5, no. 6 (2014): 644–652.

23 E. W. Dunn, L. B. Aknin, and M. I. Norton, “Prosocial Spending and Happiness: Using Money to Benefit Others Pays Off,” *Current Directions in Psychological Science* 23, no. 1 (2014): 41–47; and L. B. Aknin, A. V. Whillans, M. I. Norton, and E. W. Dunn, “Happiness and Prosocial Behavior: An Evaluation of the Evidence,” *World Happiness Report* (2019).

24 G. Donnelly, A. V. Whillans, A. Wilson, and M. I. Norton, “Communicating Resource Scarcity” (working paper, Harvard Business School, no. 19-066, 2019).

25 J. Yoon, G. Donnelly, and A. V. Whillans, “It Doesn’t Hurt to Ask (For More Time): Employees Often Overestimate the Interpersonal Costs of Extension Requests” (working paper, Harvard Business School, no. 19-064, 2019).

26 C. Fritz and S. Sonnentag, "Recovery, Well-Being, and Performance-Related Outcomes: The Role of Workload and Vacation Experiences," *Journal of Applied Psychology* 91, no. 4 (2006): 936.

27 S. Sonnentag, "Burnout Research: Adding an Off-Work and Day-Level Perspective," *Work and Stress* 19, no. 3, 2 (2005): 271–275; C. Fritz, S. Sonnentag, P. E. Spector, and J. A. McInroe, "The Weekend Matters: Relationships Between Stress Recovery and Affective Experiences," *Journal of Organizational Behavior* 31, no. 8 (2010): 1137–1162; and C. S. Dewa, D. Loong, S. Bonato, N. X. Thanh, and P. Jacobs, "How Does Burnout Affect Physician Productivity? A Systematic Literature Review," *BMC Health Services Research* 14, no. 1 (2014): 325.

28 従業者がより多くのお金を求めるべきであることと、その方法を示す文献の概説については、以下を参照のこと。D. M. Kolb and J. L. Porter, *Negotiating at Work: Turn Small Wins into Big Gains* (New York: John Wiley & Sons, 2015); and D. Malhotra, "15 Rules for Negotiating a Job Offer," *Harvard Business Review*, April 2014.

29 M. T. Jensen, "Exploring Business Travel with Work–Family Conflict and the Emotional Exhaustion Component of Burnout as Outcome Variables: The Job Demands–Resources Perspective," *European Journal of Work and Organizational Psychology* 23, no. 4 (2014): 497–510.

30 M. Westman and D. Etzion, "The Impact of Short Overseas Business Trips on Job Stress and Burnout," *Applied Psychology* 51, no. 4 (2002): 582–592.

31 A. V. Whillans, A. C. Weidman, and E. W. Dunn, "Valuing Time over Money Is Associated with Greater Happiness," *Social Psychological and Personality Science* 7, no. 3 (2016): 213–222.

32 M. Wittmann and S. Lehnhoff, "Age Effects in Perception of Time," *Psychological Reports* 97, no. 3 (2005): 921–935.

33 M. Wittmann and M. P. Paulus, "Temporal Horizons in Decision Making," *Journal of Neuroscience, Psychology, and Economics* 2, no. 1 (2009): 1; and S. M. Janssen, M. Naka, and W. J. Friedman, "Why Does Life Appear to Speed Up as People Get Older?" *Time and Society* 22, no. 2 (2013): 274–290.

第5章

1 L. Giurge and A. V. Whillans, "Beyond Material Poverty: Why Time Poverty Matters for Individuals, Organisations, and Nations" (working paper, Harvard Business School, no. 20-051, 2020).

2 The best estimates of how much time paperwork burdens waste for US workers comes in at nearly $10 billion per year. C. R. Sunstein, "Sludge and Ordeals," *Duke Law Journal* 68

(2019): 1843.

3 The US Office of Information and Regulatory Affairs (OIRA)—the agency that oversees the implementation of government regulations—estimated that the paperwork burdens had grown to nearly 12 billion hours: https://www.reginfo.gov/public/do/PRAReport?operation=11.

4 A. Finkelstein and M. J. Notowidigdo, "Take-Up and Targeting: Experimental Evidence from SNAP," *Quarterly Journal of Economics* 134, no. 3 (2019): 1505–1556.

5 V. Alatas, R. Purnamasari, M. Wai-Poi, A. Banerjee, B. A. Olken, and R. Hanna, "Self-Targeting: Evidence from a Field Experiment in Indonesia," *Journal of Political Economy* 124, no. 2 (2016): 371–427.

6 A. Brodsky and T. M. Amabile, "The Downside of Downtime: The Prevalence and Work Pacing Consequences of Idle Time at Work," *Journal of Applied Psychology* 103, no. 5 (2018): 496.

7 D. U. Himmelstein et al., "A Comparison of Hospital Administrative Costs in Eight Nations: US Costs Exceed All Others by Far," *Health Affairs* 33, no. 9 (2014): 1586–1594.

8 Executives and business professionals spend an average of twenty-three hours a week (trapped) in meetings–up from ten hours a week in the 1960s. See S. G. Rogelberg, C. Scott, and J. Kello, "The Science and Fiction of Meetings," *MIT Sloan Management Review* 48, no. 2 (2007): 18–21; and S. G. Rogelberg, L. R. Shanock, and C. W. Scott, "Wasted Time and Money in Meetings: Increasing Return on Investment," *Small Group Research* 43, no. 2 (2012): 236–245.

9 M. E. Porter and N. Nohria, "How CEOs Manage Time," *Harvard Business Review*, July–August 2018. (「CEOの時間管理」『ハーバード・ビジネス・レビュー』2018年9月号)

10 J. Yoon, A. V. Whillans, and E. O'Brien, "Superordinate Framing Increases Task Motivation" (working paper, Harvard Business School, 2019), study 1.

11 J. Pfeffer and D. R. Carney, "The Economic Evaluation of Time Can Cause Stress," *Academy of Management Discoveries* 4, no. 1 (2018): 74–93.

12 J. Hur, A. Lee-Yoon, and A. V. Whillans, "Who Is More Useful? The Impact of Performance Incentives on Work and Personal Relationships" (working paper, Harvard Business School, 2018).

13 J. Pfeffer and S. E. DeVoe, "The Economic Evaluation of Time: Organizational Causes and Individual Consequences," *Research in Organizational Behavior* 32 (2012): 47–62.

14 概説については、以下を参照のこと。S. E. DeVoe, "The Psychological Consequence of Thinking About Time in Terms of Money," *Current Opinion in Psychology* 26 (2019): 103–105; A. Li, K. Rong, J. Gao, F. Tan, and Y. Peng, " 'Putting a Price on Time': Conception, Consequences and Its Psychological Mechanism," *Advances in Psychological Science* 23, no. 10 (2015): 1679–1687; and A. Lee-Yoon and A. V. Whillans, "Making Seconds Count: When

Valuing Time Promotes Subjective Well-Being," *Current Opinion in Psychology* 26 (2019): 54–57.

15 アメリカの従業者の約4人に1人が、まったく有給休暇をもらっていない。アメリカは、従業者が有給休暇を受けることを政府が保障していない唯一の国だ。これは、経済政策研究センターが行なった調査による。報告の全文が以下で閲覧可能。http://cepr.net/documents/publications/nvn-summary.pdf.

16 C. Fritz and S. Sonnentag, "Recovery, Well-Being, and Performance-Related Outcomes: The Role of Workload and Vacation Experiences," *Journal of Applied Psychology* 91, no. 4 (2006): 936; and J. de Bloom, S. Ritter, J. Kühnel, J. Reinders, and S. Geurts, "Vacation from Work: A 'Ticket to Creativity'?: The Effects of Recreational Travel on Cognitive Flexibility and Originality," *Tourism Management* 44 (2014): 164–171.

17 C. West, C. Mogilner, and S. E. DeVoe, "Taking Vacation Increases Meaning at Work," proceedings of ACR 2017, *Advances in Consumer Research* 45 (2017): 63–67.

18 J. De Bloom, M. Kompier, S. Geurts, C. de Weerth, T. Taris, and S. Sonnentag, "Do We Recover from Vacation? Meta-Analysis of Vacation Effects on Health and Well-Being," *Journal of Occupational Health* 51 (2008): 13–25.

19 J. Kühnel, S. Sonnentag, and M. Westman, "Does Work Engagement Increase after a Short Respite? The Role of Job Involvement as a Double-Edged Sword," *Journal of Occupational and Organizational Psychology* 82, no. 3 (2009): 575–594.

20 J. Kühnel and S. Sonnentag, "How Long Do You Benefit from Vacation? A Closer Look at the Fade-Out of Vacation Effects," *Journal of Organizational Behavior* 32, no. 1 (2011): 125–143; and J. De Bloom, S. A. Geurts, T. W. Taris, S. Sonnentag, C. de Weerth, and M. A. Kompier, "Effects of Vacation from Work on Health and Well-Being: Lots of Fun, Quickly Gone," *Work and Stress* 24, no. 2 (2010): 196–216.

21 J. McCarthy, "Taking Regular Vacations Can Help Boost Americans' Well-Being," Gallup, December 30, 2014, https://news.gallup.com/poll/180335/taking-regular-vacations-may-help-boost-americans.aspx.

22 S. Sonnentag, "The Recovery Paradox: Portraying the Complex Interplay Between Job Stressors, Lack of Recovery, and Poor Well-Being," *Research in Organizational Behavior* 38 (2018): 169–185.

23 H. Collins and A. V. Whillans, "Accounting for Time," hbr.org, January 30, 2019, https://hbr.org/2019/01/accounting-for-time.（「時間が生む幸福感をお金に換算する」『ハーバード・ビジネス・レビュー』2019年9月号）

24 取得されなかったこれらの休暇のうち、2億3600万日は完全に失われ、これは推定で700億ドルの利益損失に相当する。以下の報告を参照のこと。U.S. Travel Association, "Paid Time Off Trends in the U.S.,"（日付不明）, https://www.ustravel.org/

sites/default/files/media_root/document/Paid%20Time%20Off%20Trends%20Fact%20Sheet.pdf; and U.S. Travel Association, “More Time Off, Less Time Used,” (日付不明), https://www.ustravel.org/sites/default/files/media_root/document/NPVD19_FactSheet.pdf.

25 2019年にアメリカで購入された自動車の代金は、最近J.D.パワー社が行なった以下の推定によれば、4620億ドルだという。 “US Auto Sales Down in 2019 but Still Top 17 Million for Fifth Consecutive Year,” CNBC, January 6, 2020, https://www.cnbc.com/2020/01/06/us-auto-sales-down-in-2019-but-still-top-17-million.html.

26 フルタイムで勤務している2000人以上のアメリカの成人を対象としたある調査では、70%が、休暇をとったときにさえ仕事から離れないと答えた。以下を参照のこと。B. Heitmann, “Your Workplace Guide to Summer Vacation,” blog post, July 11, 2018, https://blog.linkedin.com/2018/july/11/your-workplace-guide-to-summer-vacation.

27 N. Pasricha and S. Nigam, “What One Company Learned from Forcing Employees to Use Their Vacation Time,” hbr.org, August 11, 2017, https://hbr.org/2017/08/what-one-company-learned-from-forcing-employees-to-use-their-vacation-time.

28 D. Kim, “Does Paid Vacation Leave Protect Against Depression Among Working Americans? A National Longitudinal Fixed Effects Analysis,” *Scandinavian Journal of Work, Environment and Health* 45, no. 1 (2018): 22–32.

29 A. V. Whillans, E. W. Dunn, and M. I. Norton, “Overcoming Barriers to Time-Saving: Reminders of Future Busyness Encourage Consumers to Buy Time,” *Social Influence* 13, no. 2 (2018): 117–124.

30 M. Fassiotto, C. Simard, C. Sandborg, H. Valantine, and J. Raymond, “An Integrated Career Coaching and Time-Banking System Promoting Flexibility, Wellness, and Success: A Pilot Program at Stanford University School of Medicine,” *Academic Medicine: Journal of the Association of American Medical Colleges* 93, no. 6 (2018): 881–887.

31 医師たちの引用は以下より。 H. MacCormick, “Stanford’s ‘Time Banking’ Program Helps Emergency Room Physicians Avoid Burnout,” *Scope*, August 21, 2015, https://scopeblog.stanford.edu/2015/08/21/stanfords-time-banking-program-helps-emergency-room-physicians-avoid-burnout/; and B. Schulte, “Time in the Bank: A Stanford Plan to Save Doctors from Burnout,” August 20, 2015, https://www.washingtonpost.com/news/inspired-life/wp/2015/08/20/the-innovative-stanford-program-thats-saving-emergency-room-doctors-from-burnout/.

32 A. V. Whillans, R. Dwyer, J. Yoon, and A. Schweyer, “From Dollars to Sense: Placing a Monetary Value on Non-Cash Compensation Encourages Employees to Value Time over Money” (working paper, Harvard Business School, no. 18-059, 2019).

33 F. Gino, C. A. Wilmuth, and A. W. Brooks, “Compared to Men, Women View Professional Advancement as Equally Attainable, but Less Desirable,” *Proceedings of the National Academy*

of Sciences 112, no. 40 (2015): 12354–12359.

34 J. Yoon, G. Donnelly, and A. V. Whillans, "It Doesn't Hurt to Ask (For More Time): Employees Often Overestimate the Interpersonal Costs of Extension Requests" (working paper, Harvard Business School, no. 19-064, 2019).

35 有給休暇を全部とる人のほうが昇進する可能性が高い。以下を参照のこと。"Time Off and Vacation Usage," U.S. Travel Association, nd, https://www.ustravel.org/toolkit/time-and-vacation-usage. この調査は、以下に要約されている。S. Achor, "Are the People Who Take Vacations the Ones Who Get Promoted?" hbr.org, June 12, 2015, https://hbr.org/2015/06/are-the-people-who-take-vacations-the-ones-who-get-promoted.

36 P. Choudhury, C. Foroughi, and B. Larson, "Work-from-Anywhere: The Productivity Effects of Geographic Flexibility" (working paper, Harvard Business School, Technology and Operations Mgt. Unit, no. 19–054, 2019).

37 I. Hirway, *Mainstreaming Unpaid Work: Time-Use Data in Developing Policies* (Oxford: Oxford University Press, 2017).

38 アメリカの政策が育児に関する決定を形作り、不釣り合いなまでに女性に負担をかけていることについてのさらなる詳細は、ブリジット・シュルトの調査を参照のこと。たとえば、"New America Care Report Finds Child Care Doesn't Work for Anyone," blog post, January 23, 2017, http://www.brigidschulte.com/2017/new-america-care-report-finds-child-care-doesnt-work-for-anyone/.

39 医療関係の事務処理にかかる時間についてのデータは、以下に要約されている。M. Sanger-Katz, "Hate Paperwork? Medicaid Recipients Will Be Drowning in It," *New York Times*, January 18, 2018.

40 Sunstein, "Sludge and Ordeals."

41 A. V. Whillans and C. West, "Alleviating Time Poverty Among the Working Poor" (working paper, Harvard Business School, 2020), https://www.aeaweb.org/conference/2020/preliminary/paper/3rf3SEb2.

42 M. Gates, "Time Poverty: The Gender Gap No One's Talking About," video, February 22, 2016, https://www.youtube.com/watch?v=y7SLIYh3MGw.

43 R. A. Easterlin, "Does Economic Growth Improve the Human Lot? Some Empirical Evidence," in *Nations and Households in Economic Growth: Essays in Honour of Moses Abramovitz*, ed. P. A. David and M. W. Reder (New York: Academic Press, 1974); R. Costanza, M. Hart, J. Talberth, and S. Posner, "Beyond GDP: The Need for New Measures of Progress," *Pardee Papers*, no. 4 (2009); E. Diener, S. Oishi, and R. E. Lucas, "National Accounts of Subjective Well-Being," *American Psychologist* 70, no. 3 (2015): 234; and J. F. Helliwell, "Well-Being, Social Capital and Public Policy: What's New?" *Economic Journal* 116, no. 510 (2006): C34–C45.

44 L. Macchia and A. V. Whillans, "Leisure Beliefs and the Subjective Well-Being of Nations," *Journal of Positive Psychology* (2019), doi/full/10.1080/17439760.2019.168941.

45 Macchia and Whillans, "Leisure Beliefs and the Subjective Well-Being of Nations."

46 S. Lee, W. J. Guo, A. Tsang, A. D. Mak, J. Wu, K. L. Ng, and K. Kwok, "Evidence for the 2008 Economic Crisis Exacerbating Depression in Hong Kong," *Journal of Affective Disorders* 126, no. 1-2 (2010): 125–133.

47 Macchia and Whillans, "Leisure Beliefs and the Subjective Well-Being of Nations."

48 Ibid.

49 L. Alderman, "In Sweden, Experiment Turns Shorter Workdays into Bigger Gains," *New York Times*, May 20, 2016.

50 以下を参照のこと。 https://www.empowerbus.com/.

51 アメリカ人が交通渋滞のせいで毎年平均97時間を失っている——2018年には現金換算で合計870億ドル弱、運転者1人当たり平均1348ドルの損失となった——ことを示す調査は、交通解析会社INRIXの計算に基づく。同社は500万マイル以上の道路を網羅する3億の情報源からの500テラバイトのデータを解析してこの数字に至った。この報告を支えているデータには、道路のすべての区分における1日の毎分の渋滞の有無が含まれている（この情報は、INRIXに依拠する交通サービスに基づいている）。さらなる情報については、以下を参照のこと。"INRIX: Congestion Costs Each American 97 Hours, $1348 a Year," INRIX, press release, February 11, 2019, https://inrix.com/press-releases/scorecard-2018-us/.

52 A. Smith, "Shared, Collaborative and on Demand: The New Digital Economy," Pew Research Center, press release, March 19, 2016.

53 A. S. Kristal and A. V. Whillans, "What We Can Learn from Five Naturalistic Field Experiments That Failed to Shift Commuter Behaviour," *Nature Human Behaviour* 4 (2020): 169–176.

54 これらの引用は、以下に見られる。 K. Clayton, "Be an Elegant Simplifier," *Behavioral Scientist*, February 7, 2019, https://behavioralscientist.org/be-an-elegant-simplifier/.

55 A. H. Petersen, "How Millennials Became the Burnout Generation," *BuzzFeed News*, January 5, 2019, https://www.buzzfeednews.com/article/annehelenpetersen/millennials-burnout-generation-debt-work.

結 論

1 Robert H. Frank, *Under the Influence: Putting Peer Pressure to Work* (Princeton, NJ: Princeton University Press, 2020).